beatriz schaaf-giesser

FilzFormFarbe

beatriz schaaf-giesser

FilzFormFarbe

designobjekte aus filz
für den wohnbereich

Mein Dank richtet sich an Valentin und Hans, die mich in meinem oft ausufernden Arbeitsleben und speziell auch bei diesem Buch liebevoll unterstützt haben.
Ein herzliches Dankeschön auch an Elke Munz, Bettina Deij Ferrada, Ulli und Jürgen Pfeiffer, Andrea Burk, Mirta Minetti und Astrid Lauterbach, die mir kreativ und tatkräftig geholfen haben.
Danke auch an Familie Attinger und Esra Welzel, die uns ihre Häuser zum Fotografieren zur Verfügung stellten.
Mit Freude danke ich den Kindern Maja, Max, Linn, Claudio, Julian und Valentin für ihr strahlendes Lächeln.

2. Auflage 2007
Verlag Freies Geistesleben
Landhausstraße 82, 70190 Stuttgart
Internet: www.geistesleben.com

ISBN 978-3-7725-2271-0

Umschlag & Layout: Maria A. Kafitz
Satz: Bianca Bonfert
Fotos: Jürgen Pfeiffer / www.pfeiffers-online.de
Fotostylistin: Bettina Deij Ferrada
Druck: Egedsa, Sabadell / Spanien

Inhalt

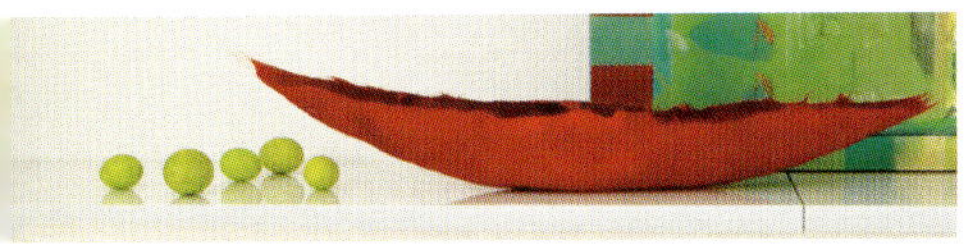

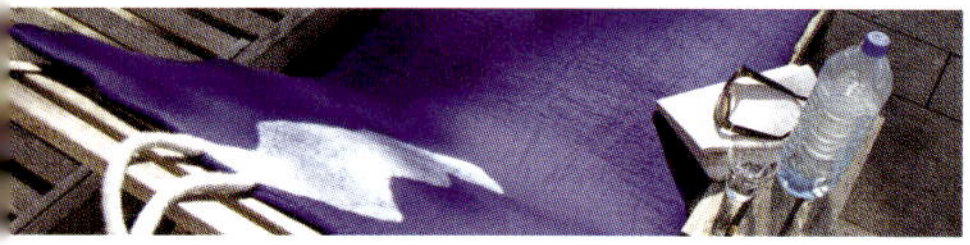

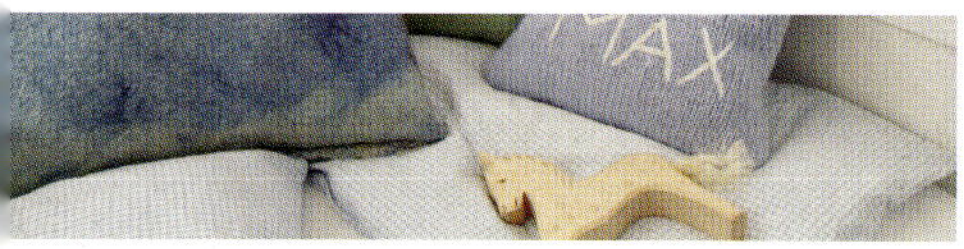
MAX

SRAUMEIN
ZEITRAUM

Ein Arbeitsweg

Orange, rote und grüne Merinowollen liegen beieinander, feinste blaue und graue Vliese, gröbere Berg- und Steinschafwolle, graumelierte Island Wolle sowie Kamelhaar und glänzende Seidenfasern strahlen mir entgegen. Das Wollregal im Atelier ist mit vielfältigen Farben und Qualitäten gefüllt.

Stoffe, Garne und Strickzeug liegen neben Skizzenbuch und Stiften inspirierend auf dem Tisch. Verschiedene Wohnräume und Stimmungen habe ich bereits gedanklich und in Skizzen festgehalten und zu Themenkreisen zusammengefasst. Dabei spielen Farben und Farbklänge in ihrer vielschichtigen Symbolik die Hauptrolle. Das individuelle Schwarz, das Signalrot der Gegenwart und der Hingabe oder das introvertierte Blau der ersehnten Selbstständigkeit von Jugendlichen. Das sonnige, lebhafte und kommunikative Gelb, das mitteilsame, ausstrahlende Orange, das sich mit wärmendem Rot paart und die Lebendigkeit und Lebensfreude einer Familie widerspiegelt. Kindliches Zuckerwatterosa legt sich neben

zartes, ruhiges Grün und steht mit unschuldigem Kirschblütenweiß für die Geborgenheit unserer Kleinsten.
Die Wohnaccessoires – zweidimensional wie Decken, Vorhänge und Bettvorleger oder dreidimensional wie Bodengefäße und Kissen – werden in einem Arbeitsbuch skizziert. Ihre Form und Gestaltung fängt mit der endgültigen Planung, der Material- und Farbwahl und nicht zuletzt mit der Herstellung an.
Nun beginnt ein Hinspüren zu Themen- und Farbinhalten – «Mädchenträume», «Tango», «afrikanische Welten», «Freizeit». Schwerpunkt dabei war und ist die Frage, wie ich ein Raumgefühl und eine bestimmte Stimmung durch ein Wohnobjekt aus Filz zum Ausdruck bringen kann.
Nicht nur die Farbe und ihre Bedeutung stehen im Vordergrund, sondern auch die Aussage des verwendeten Materials.
Das jeweilige Thema beginnt mich zu durchdringen und wird während der Umsetzung lebendig. Bei den «Mädchenträumen» sind es die weichen Seidenstoffe und ein Hauch von Merinowolle, die einem das Gefühl geben, eine zarte Wolke zwischen den Händen zu walken.
Die Farbpolarität im «Tango» erlaubt nur strenge grafische Musterungen. Sinnliche Verse auf fließendem Seidenorganza lassen tanzende Bewegungen im Raum vermuten.
Bei den Arbeiten zu den «afrikanische Welten» sind es die groben, unbehandelten Wollen und Haare, die ein kräftiges Walken erfordern und ungeahnte Energien freisetzen. Die nasse, geruchsintensive und kurze Wolle bleibt zum Teil an

den Händen haften – das Filzen wird zum haptischen Erlebnis.
Bei den Freizeit- und Jugendthemen werden große, individuelle und strapazierfähige Flächen gefilzt. Jugendliche und ihre Freunde können beim Filzen sehr gut mithelfen. Dabei entsteht ein schönes Gemeinschaftsgefühl, das der Filz auch als «Faser-Verbund» für immer in sich tragen wird.
Nicht nur das Erleben der Herstellungsprozesse, sondern auch das entstandene Material an sich – der Filz, seine individuelle Form und Farbe – sind der Antrieb meines Arbeitens und werden im vorliegenden Buch dargestellt. Hierbei sind die einzelnen Schritte, die den Prozess des Filzens und Gestaltens leiten, nicht als ständig sich wiederholende Anleitung wiedergegeben, sondern sie sind kurz *hervorgehoben* und finden im Anhang ihre Erklärung.
Die verschiedenen farblich und thematisch abgesetzten Kapitel mögen den Lesenden und Filzschaffenden inspirieren und motivieren, durch eigenhändig gefertigte Filzgegenstände neue und individuelle Wege in der Gestaltung von Wohnräumen zu beschreiten.

Beatriz Schaaf-Giesser, Frühsommer 2006

Unschuldsweiß

Sehnsuchtsschwarz

Feuerrot

Die Begegnung der leidenschaftlichen Farben gleicht dem Dialog zweier Pole: Eros und Macht, Yin und Yang, Mann und Frau. Eine flüchtige Berührung, eine fließende Bewegung, Nähe und Abschied. Sinnliche Materialstrukturen unterstreichen die subtile und dennoch anregende Wirkung dieser Filzobjekte.

Bodenkissen Dialog

Kontraststark in den Farben, streng im Design werden geflochtene Vorfilzstreifen zu einem weichen, geschmeidigen Bodenkissen zusammengefilzt.

Benötigt werden zwei *Vorfilze*: ein kleinerer aus schwarz-grauer Merinowolle, 105 x 105 cm groß (Gewicht ca. 220 g Wolle), ein zweiter Vorfilz, 105 x 210 cm groß aus roter Merinowolle (Gewicht ca. 420 g).
Der kleinere Vorfilz wird in 15 Streifen à 7 cm geschnitten.

Der rote Vorfilz wird fransenähnlich nur bis zur Mitte in Streifen eingeschnitten. Links und rechts der äußeren langen Kanten werden je 1 x 10 cm breite und 105 cm tiefe Streifen geschnitten. Die Fläche dazwischen wird in 12 x 7 cm breite Streifen eingeteilt.
Die schwarz-grauen Streifen werden zwischen die roten Streifen gewoben, sodass ein Schachbrettmuster entsteht (siehe Abb. oben rechts). Die Kreuzungspunkte mit *Stecknadeln* fixieren und alles auf eine Plastikfolie legen.
Den Vorfilz *nässen* und anschließend richtungs-

gleich zweimal *walken.* Danach die *Stecknadeln* entfernen.

Die geflochtene Seite wird durch ihre doppelte Dicke langsamer schrumpfen und muss deshalb extra *gewalkt* werden.

Beim Endmaß von 80 x 162 cm sollten die Quadrate des Schachbrettmusters eine Abmessung von 5,5 x 5,5 cm haben. Die breiten Ränder messen ca. 7 cm und werden als Nahtzugabe gebraucht.

Anschließend das Kissen *ausspülen, trocknen* und *dämpfen.*

Mit einem breiten schwarzen Reißverschluss und zwei Seitennähten wird die Kissenhülle fertig gestellt.

Materialien und Hilfsmittel

105 x 105 cm schwarz-grauer Vorfilz aus 220 g Merinowolle

105 x 210 cm roter Vorfilz aus 420 g Merinowolle

Endmaß: 80 x 162 cm

Plastikfolie

Tüll

Bambusrollo

Baumwolltuch

Schnüre

Reißverschluss

Nähseide

Vorhang Milonga

Zärtlich wie die Linien, die Tänzer auf dem Boden ziehen, bewegen sich die Buchstaben des Tangoverses auf dem zarten Seidenstoff.
Die offene Struktur des Seidenorganzas lässt einen guten Halt der beidseitig gelegten und sich durchdringenden roten Filzbuchstaben zu. So entsteht ein beständiger Dialog zweier textiler Elemente.

Es werden 300 x 140 cm Seidenorganza mit Seidenfarben gefärbt oder bemalt und mit Nadelvliesbuchstaben gestaltet.
Aus einem 1,2 qm großen roten *Nadelvlies* werden um 40 % vergrößerte Buchstaben (10 cm hoch, 2,5 cm breit), in doppelter Anzahl, herausgeschnitten (siehe Abb.1 auf Seite 18).
Den Seidenorganza auf eine Plastikfolie ausbreiten. Die Buchstaben beidseitig auf den Stoff legen und mit *Stecknadeln* fixieren.
Ein Winkellineal hilft beim Ausrichten der Buchstaben (siehe Abb. 2 + 3 auf Seite 18).
Die *Stecknadeln* können beim Filzen nur im Stoff bleiben, wenn eine große Noppenfolie als Puffer verwendet wird, sonst beschädigen die Stecknadelköpfchen den Stoff beim *Walken*. Alternativ kann man die Buchstaben auch mit einem Faden an den Stoff heften.
Die gehefteten Buchstaben mit wenig Wasser und mit einer Folie zwischen den Händen *nässen* und dabei anfilzen.

Zweimal von der kurzen Seite her *walken* und anschließend die Stecknadeln entfernen. Wurde ein Heftfaden verwendet, diesen erst nach dem *Trocknen* entfernen.
So lange *walken* bis die Buchstaben gut durch den Stoff gefilzt sind. Ihre Größe liegt bei ca. 8 cm Höhe und 1,8 cm Breite.
Ausspülen, dämpfen und nähen.

Mi Buenos Aires Querido

...
La ventanita de mi calle de arrabal
donde sonrie una muchachita en flor
quiero de nuevo yo volver a contemplar
aquellos ojos que acarician al mirar
...

Mein geliebtes Buenos Aires

...
Das Fenster meiner Vorstadtstraße
wo ein Fräulein in Blüte lächelt
ich möchte sie nochmals betrachten
diese Augen, die beim Schauen streicheln
...

Materialien und Hilfsmittel

300 x 140 cm Seidenorganza
1,2 qm roter Nadelvlies
Plastikfolie
Noppenfolie
Bambusrollo
Baumwollstoff
Schnüre

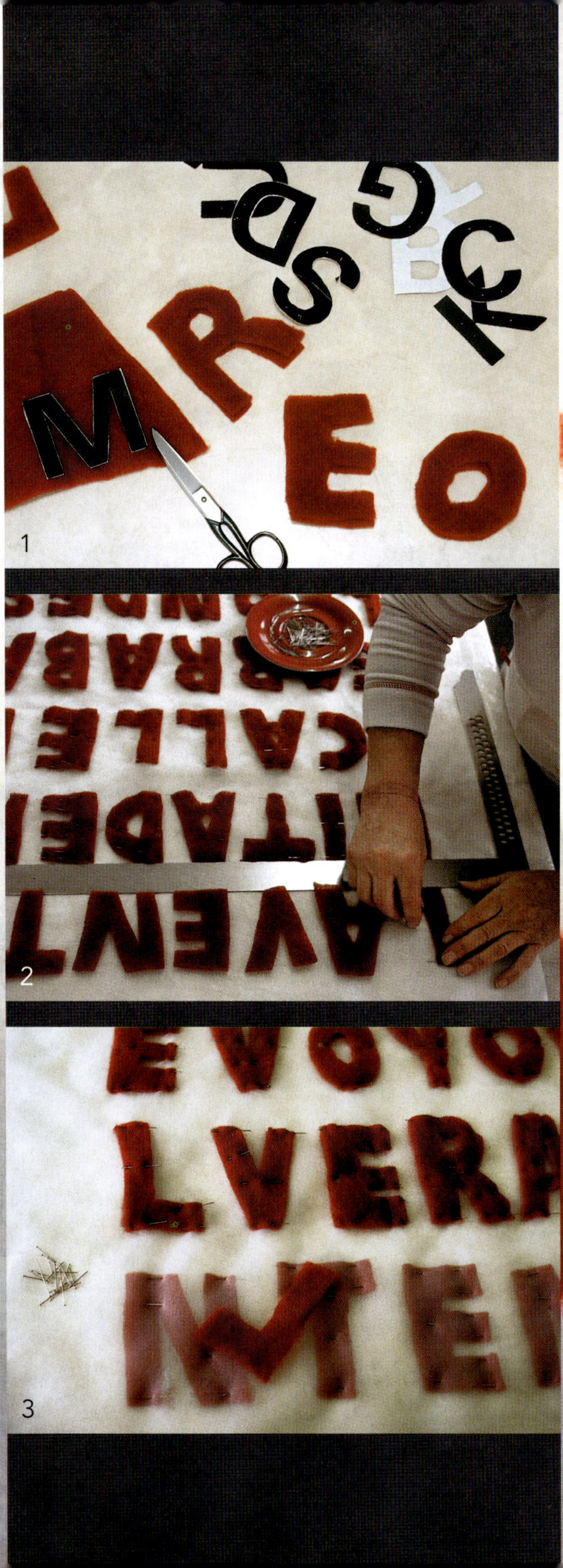
1
2
3

Sitzkissen Begegnung

Ein Raum der Sehnsucht baut sich in der Begegnung des weiß-schwarzen Sitzkissenpaares auf. Jedes steht für sich und doch in inniger Beziehung zueinander. Aus einem Pullover stammend sind Vorder- und Rückseite zu Kissen verarbeitet. Gefertigt aus jeweils 400 g weißer und schwarzer Merinowolle und als Hohlraum gefilzt, gefüllt mit einem festen Schaumstoffpolster vermitteln sie Strenge und Weichheit zugleich.
In den Innenmaßen von 40 x 40 cm und den Außenmaßen von 60 x 60 cm sind sie eine harmonische Grundlage für Begegnungen.

Mandarinenorange

Limettengrün

Tomatenrot

Fröhlich und lebhaft hält der Frühling Einzug in unsere vier Wände und schafft eine Atmosphäre heiterer Spontanität. Das neutrale Weiß der Einrichtung lässt die frischen Farben dieser wandlungsfähigen Filzobjekte noch strahlender erscheinen. Und durch Drehen, Wenden und Arrangieren entsteht im Nu eine neue Raumstimmung.

Tischläufer orange-rot

In sonnigen Farben gestaltet läutet der Tischläufer aus feiner Merinowolle und Seidenorganza den Frühling ein.
Inspiriert von einer Vielzahl feiner Vorfilze können je nach Jahreszeit und Stimmung neue Tischläufer und Sets gefertigt werden.

Der mittlere Bereich besteht aus einem schlauchförmig genähten Seidenorganza in den Maßen 108 x 40 cm. Die Stoffränder der kurzen Seiten werden in die Wolle eingefilzt. Sie sollten nicht genäht sein und auch keine Webkanten haben.

Aus einem der mehrfarbigen Vorfilze werden in doppelter Ausführung wellenartige Linien (36 cm lang und 2 cm breit) geschnitten (siehe Abb. 1). Die Hälfte wird mittig und beidseitig auf den Seidenorganza in gleichen Abständen geheftet.
Eine große Noppenfolie wird vorbereitet. Darauf werden je zwei 78 cm lange und 46 cm breite Vorfilze von der schmalen Seite her im Abstand von 104 cm zueinander gelegt. Dazwischen platziert man den vorbereiteten Seidenorganza in die Mitte der jeweiligen Vorfilzflächen. Dieser hat dann einen seitlichen Überstand von 3 cm.

Er wird für die Schrumpfung benötigt, da sonst die Filzflächen nach dem *Walken* kleiner als der Seidenstoff ausfallen.
Es werden ca. 4 cm der Stoffränder mit gezupfter Wolle bedeckt (siehe Abb. 2).
Die Vorfilze *nässen* und dabei das Wellenmuster mit der Hand in einer Plastiktüte oder dünnen Einmalhandschuhen einarbeiten.
Walken – die kurze Seite muss mehrmals gewalkt werden, damit das Endmaß der Filzflächen 40 x 56 cm beträgt. Das gesamte Endmaß liegt bei einer Länge von 215 cm und einer Breite von 38 cm.
Ausspülen und *trocknen*.
Anschließend in die Wollfläche wellenförmige Linien schneiden und den Tischläufer abschließend *dämpfen*.

Materialien und Hilfsmittel

108 x 82 cm (2 cm Nahtzugabe) Seidenorganza
48 x 180 cm verschiedenfarbiger Vorfilz
(ca. 150 g feine Merinowolle)
Endmaß: 38 x 215 cm
Noppenfolie
Tüll
Bambusrollo
Baumwollstoff
Schnüre

1

2

Tischläufer Duo

Für jede Gelegenheit die passende Farbstimmung und Dekoration – dies bieten die beidseitig gestalteten Tischläufer (siehe Abb. 1).
Ein Seidenorganza bildet den unifarbenen Hintergrund. Durch seine offene Struktur ist er ein geeigneter Stoff zum Einfilzen. Die Wollfasern können gut von einer Seite zur anderen wandern und sich beidseitig zu einem festen Filz verhaken.

Den zu einem Schlauch von 50 x 130 cm genähten Seidenorganza auf eine Noppenfolie ausbreiten.
Vorfilze werden in doppelter Menge in verschieden breite Streifen geschnitten und beidseitig auf den Stoff gelegt (siehe Abb. 2).
Aus sehr dünnen *Vorfilzen* kleine Musterelemente schneiden und auf die oben aufliegenden Vorfilze legen. Anschließend alle Lagen mit Nadel und Faden anheften.
Den ersten Tischläufer (siehe Abb. 3) *nässen*. Darauf eine zweite Noppenfolie mit dem zweiten Tischläufer auflegen, auch *nässen* und anfilzen (siehe Abb. 4).
Das *Walken* beider Läufer findet gleichzeitig statt. Wichtig ist es dabei, die Reihenfolge der Lagen beim Filzen zu ändern und im fortgeschrittenen Filzprozess die Noppenfolien durch dünnere Plastikfolien zu ersetzen.
Nach 30-prozentiger Schrumpfung das *Walken*

beenden, da der Filz sonst eine stärkere Kräuselung des Organzastoffes erzwingt. Eine starke Kräuselung kann aber auch gewollt und als gestalterisches Mittel eingesetzt werden.
Anschließend alles gut *ausspülen* und den Tischläufer *dämpfen.*

Materialien und Hilfsmittel

130 x 102 cm (2 cm Nahtzugabe) Seidenorganza
50 x 80 cm Vorfilz aus ca. 80 g Merinowolle
Noppenfolie
Tüll
Bambusrollo
Baumwollstoff
Schnüre

Bodenläufer Zick-Zack

Ein Wendeteppich für die moderne Wohneinrichtung.
Mehrfarbig und mit grafischem Muster gestaltet hat der in Zick-Zack geformte Bodenläufer von jeder Seite eine andere Ausstrahlung.
In lebhafter Gemeinschaftsarbeit und aus robuster Südtiroler Bergschafwolle hergestellt, ist er eine bleibende Erinnerung an gemeinsame Filzerlebnisse.

Auf eine große Plastikfolie wird ein Zick-Zack-Muster (126 cm breit und 280 cm lang) mit einem Kugelschreiber aufgezeichnet. Die Abstände der Spitzen betragen ca. 70 cm.
1,7 kg hellblaue Bergschafwolle wird in mehrere gleichmäßig dicke Lagen abwechselnd in Längs- und in Querrichtung ausgelegt. Wichtig ist es dabei, dem aufgezeichneten Muster auf der Plastikfolie zu folgen.
5 cm breite *Vorfilzstreifen* werden als grafische Muster aufgelegt und mit einem Heftfaden punktuell fixiert.
Mit Hilfe zweier Leintücher nun die blaue Wollfläche ohne die Plastikfolie wenden.
0,8 kg orange-rote und 0,8 kg rote Bergschafwolle in alternierenden Blöcken genau auf die blauen Wolllagen legen (siehe Abb. 1 auf Seite 28).
Auch hier sollten die Lagen gleichmäßig dick und abwechselnd in Längs- und in Querrichtung zum Liegen kommen. Die zweite Seite wird mit 5 cm *Vorfilzstreifen* und Kringel gestaltet.
Ohne Seife *nässen*, um das spätere Ausspülen zu erleichtern (siehe Abb. 2 auf Seite 28).
Walken – mit mehreren Personen. Im fortgeschrittenen Filzprozess den Filz eng und ohne Kern rollen, bis die Größe von 90 x 200 cm erreicht ist (siehe Abb. 3 auf Seite 28).
Regelmäßig mit einer «Filzmaus» ungleiche Ränder und Unebenheiten unter Zugabe von heißem Wasser und wenig Seife durch flächiges Reiben bearbeiten (siehe Abb. 4 auf Seite 28).
Abschließend den Läufer sorgfältig *ausspülen* und *trocknen*.

1

3

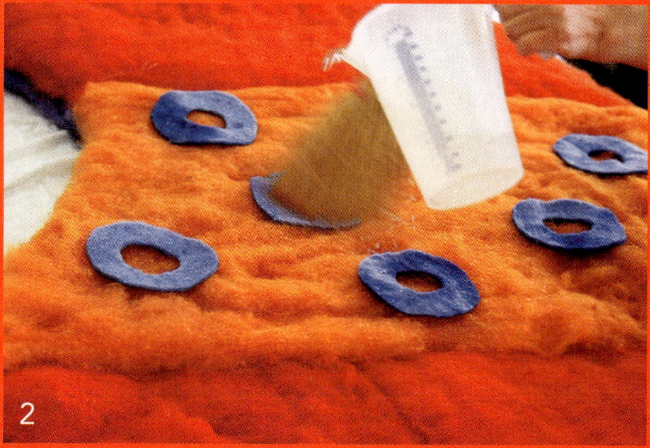

2

4

Materialien und Hilfsmittel

1,7 kg hellblaue Bergschafwolle
0,8 kg orange-rot Bergschafwolle
0,8 kg rote Bergschafwolle
Legemaß: 126 x 280 cm im Zick-Zack
Endmaß: 90 x 200 cm
Plastikfolie
2 Leintücher
Bambusrollo (Rundholz oder Rohr)
Baumwolltuch und Schnüre

Pinnwand Memory

Lebendig erscheint die in fröhlichen Farben gefilzte Pinnwand als mitteilsamer Mittelpunkt des Familienalltags. Jede Fläche wird in malerischer Weise gestaltet und mit zarten Farbübergängen gefilzt. Auf Holzplatten fixiert und mit farbigen Gummikordeln bespannt bieten sie eine einfache und flexible Lösung für allerlei persönliche Mitteilungen, Notizen und Ideen.

Die verwendete Merinowolle in leicht voneinander abweichenden Farben wählen, um so weiche, aquarellige Farbübergänge zu erzeugen.
Pro Fläche 240 g Merinowolle in einem Legemaß von 78 x 78 cm auf eine Folie in zwei gleichmäßig dicke Lagen in Längs- und Querrichtung legen.
Jede einzelne Fläche *nässen.*
Zum *Walken* können die Flächen – mit Folien als Zwischenlagen – übereinander geschichtet und gemeinsam gerollt werden.
Für ein gleichmäßiges Filzen der Flächen die Reihenfolge der Lagen beim *Walken* regelmäßig ändern. Zum Schluss hin jede Fläche einzeln filzen, bis das Endmaß von 56 x 56 cm erreicht ist.
Danach die Flächen *ausspülen, trocknen* und *dämpfen.*
Mit einem Tacker kann der Filz rückseitig an einem Brett (50 x 50 cm) befestigt werden. Die gespannten Gummikordeln werden ebenfalls an der Rückseite fixiert.

Materialien und Hilfsmittel

960 g verschiedenfarbige Merinowolle
4 farbige Gummikordeln (je 3 m lang)
4 Holzplatten (je 50 x 50 cm und 1,5 cm dick)
Plastikfolie
Tüll
Bambusrollo
Baumwollstoff
Schnüre

Ben

Bunte Filzbecher

Bunte Filzbecher – in heiteren Farben mit Leinengarn bestickt – werden aus malerisch changierender Merinowolle im Doppelpack gefilzt. Verspielt in ihrer Farbigkeit und nach Jahreszeit geschmückt sind sie ein fröhlicher Lichtblick für das häusliche Ambiente.

Das Filzbechermaß von 32 cm Umfang, 12 cm Höhe und 4 cm Bodenradius ergibt folgende Schablonenberechnung: Ein halber Umfang von 16 cm + 40 % = 22,4 cm in der Breite. Die Höhe von 16 cm (Becher + Bodenradius) + 50 % = 24 cm.
Für zwei gleichzeitig gefilzte Becher wird die Noppenfolie 48 cm (2-mal Becherlänge) x 22,4 cm und mit abgerundeten kurzen Seiten zugeschnitten (siehe die Schablone auf Seite 34).
Auf eine Plastikfolie wird mit wasserfestem Stift die Schablonenform übertragen.
Eine Lage mit 20 g hellblauer Merinowolle wird in Querrichtung auf die vorgezeichneten Becherformen gelegt. Anschließend 20 g orangefarbene Merinowolle in Längsrichtung legen (siehe Abb. 1 auf Seite 34).
Nässen und die Schablone mittig auflegen. Die restlichen 20 g orangefarbene Merinowolle bis auf 1 cm der Schablonenkante aufbringen (siehe Abb. 2 auf Seite 34). Erneut *nässen.*
Die unter der Schablone überstehende Wolle über die Kante nach oben einschlagen (siehe Abb. 3 auf Seite 34).

Dann die restliche hellblaue Wolle in Querrichtung aufbringen.
Nochmals *nässen* und anschließend die *Kanten* – mit eingeschlagener Folie und leichtem Druck der Hände – anfilzen.
Walken – bis die Becher zu 3/4 geschrumpft sind.
Den Filz in der Mitte durchschneiden und einen der beiden Becher wenden (siehe Abb. 4 auf Seite 34).
Nun die Becher ohne Kern einzeln *walken* (siehe Abb. 5 auf Seite 34).
Über ein Plastikgefäß – im Fertigmaß der Becher – jeweils einen Filzbehälter stülpen und mit heißem Wasser und Seife die Rundung vom Boden durch Reiben der Hände zueinander herunterarbeiten (siehe Abb. 6 auf Seite 34).
Anschließend gut *ausspülen*.

Den Becher über das Plastikgefäß oder einen Glasbecher stülpen und mit dem Boden nach oben *trocknen*.
Dämpfen und mit Stick- oder Leinengarn besticken (siehe Abb. 7 auf Seite 34).

Materialien und Hilfsmittel

80 g Merinowolle für 2 Becher
Bechermaß: 12 cm Höhe, 4 cm Bodenradius, 32 cm Umfang
Schablonenmaß für 2 Becher: 48 x 22,4 cm
Noppenfolie
Plastikfolie
Bambusrollo
Baumwolltuch
Schnüre

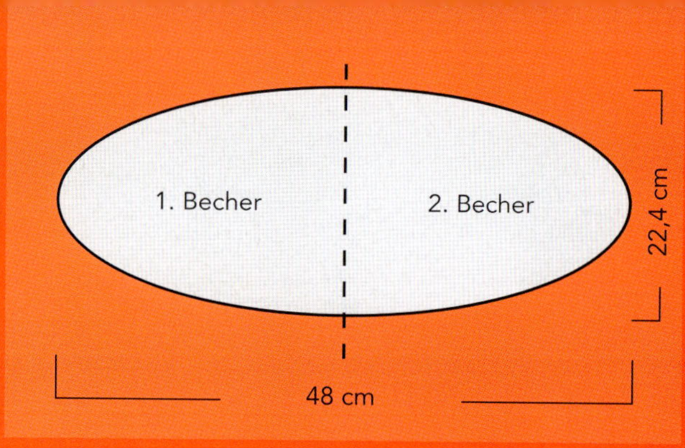

1

2

3

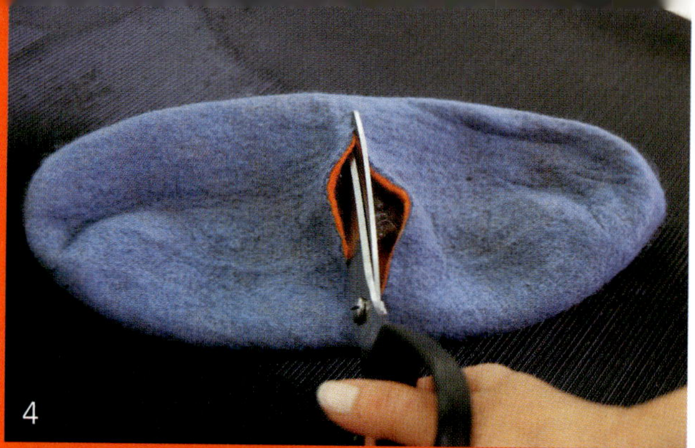
4

5

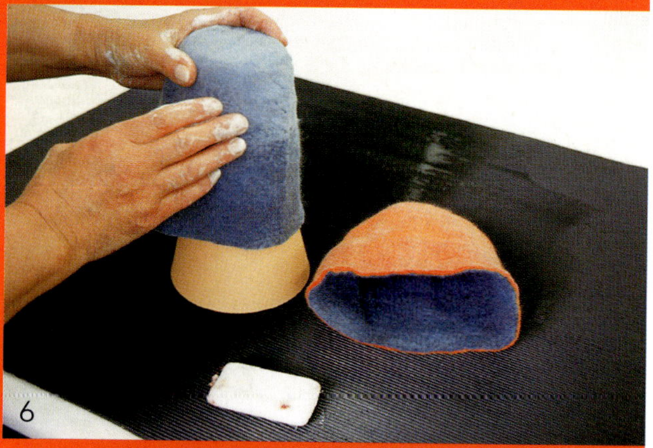
6

7

Feuerschote

Feurig und ausdrucksstark zeigt sich dieses schotenähnliche Filzobjekt.

Mit einer Länge von 90 cm und einem Durchmesser von 14 cm ist es aus einer Mischung verschiedener Wollqualitäten gefilzt.

Der Boden ist dicker und dichter, der Rand verjüngt sich flammenartig.

Ihren Inhalt birgt sie einer Frucht gleich und verleiht ihrem Standort einen exotischen Charakter.

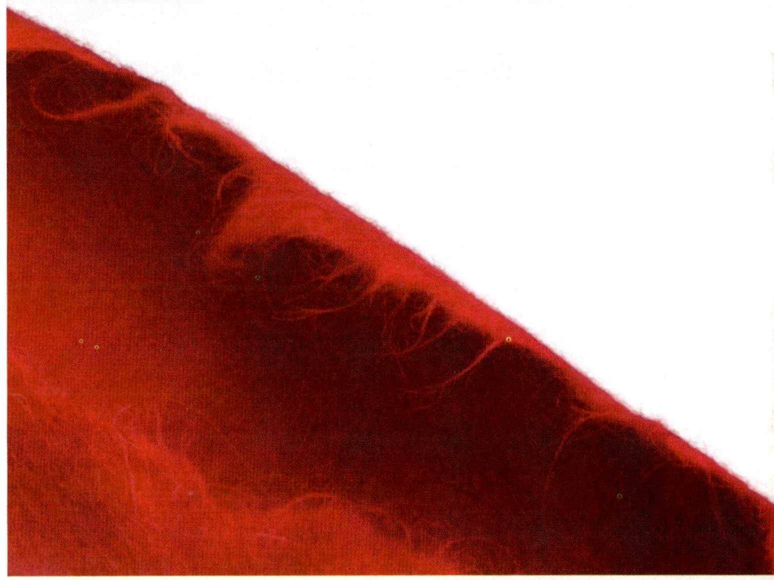

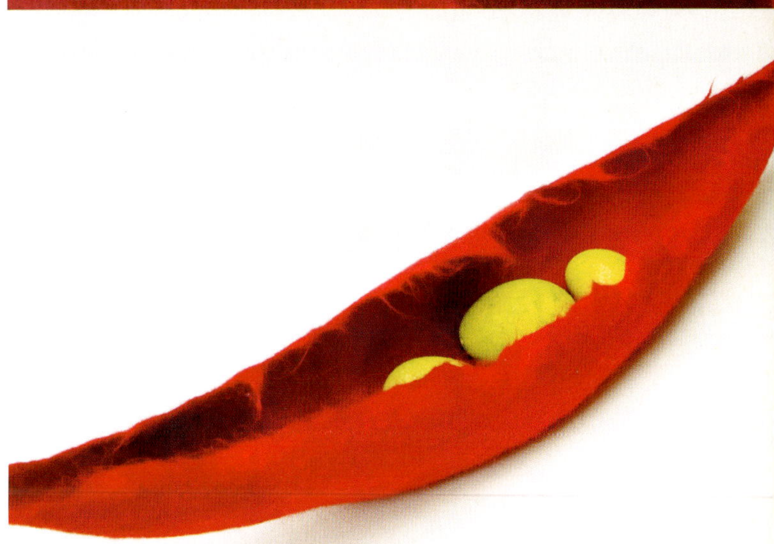

Wasserblau
Froschgrün
Blumenwiesenbunt

Die spielerischen Filzobjekte in lebhaften Farben regen die Fantasie und den kindlichen Spieltrieb an. Organische Formen, kleine Taschen und geheimnisvolle Verstecke sind genau das Richtige für kleine Entdecker.

Strickkissen Blumenwiese

Eine fantasievolle Blumenwiese schmückt spielerisch das Kinderzimmer, die Schmuseecke oder den alten Sessel.
Das weiche Strickkissen ist liebevoll mit Blumenmotiven bestickt und anschließend gefilzt. Das Kissen bleibt elastisch und ist zugleich sehr strapazierfähig.

Die Kissenhülle aus Wollgarn wird zuerst mit einem Zopfmuster von Hand gestrickt, dann mit kleinen *Vorfilzen* und Wollgarnen bestickt und in der Waschmaschine gewalkt. Eine gute Technik für diejenigen, die den Körpereinsatz beim *Walken* scheuen.
Für die Garnwahl und Planung muss vorab eine *Musterung* durchgeführt werden. Garne verhalten sich beim *Walken in der Waschmaschine* unterschiedlich. Manche haben quasi eine «Antifilzausrüstung» und sind somit für die Kissenhülle nicht geeignet.
Für das Muster wurde mit 100-prozentigem Merino-Tweed-Garn (16 cm breit und 15 cm hoch) mit 7er Nadeln gestrickt.
Danach wird mit der *Waschmaschine gewalkt* und die *Schrumpfung* berechnet. Bei dem gewählten Garn sind es 30 % in der Breite und 40 % in der Höhe. Von diesen Maßen ausgehend das Strickteil mit 7er Nadeln 82 cm breit, 125 cm lang und mit zwei Zopfreihen à 10 Maschen stricken.
Aus bunten *Vorfilzen* werden Blumenmuster um 30 % vergrößert, in doppelter Ausführung zugeschnitten und mit Wollgarnen beidseitig an das Strickteil gestickt (siehe Abb. 1).
Anschließend Blume für Blume *nässen* und gut anfilzen (siehe Abb. 2).
Im nassen Zustand das Gestrick in die Waschmaschine legen und bei 60 °C und Zugabe von etwas Wollwaschmittel im Kurzwaschgang waschen.
Eine sehr gute Verfilzung erhält man bei der Zugabe von *Waschmaschinenbällen.* Sie sind speziell für das Waschen in der Maschine entwickelt worden.
Mit mittlerer Schleuderzahl schleudern, trocknen und nähen.

1

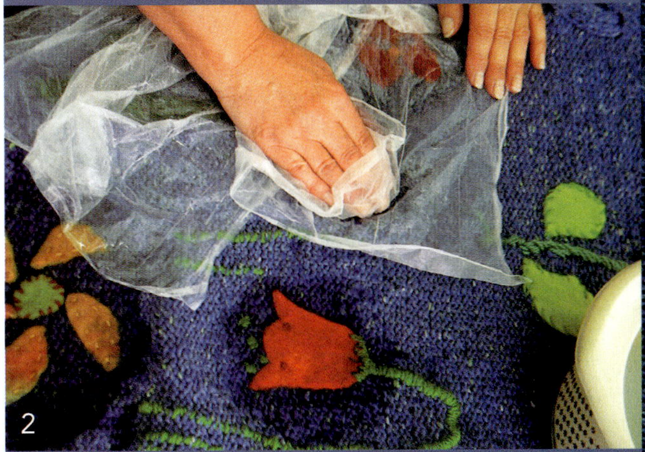

2

Materialien und Hilfsmittel

450 g bis 500 g Strickgarn (Merino-Tweed)
7er Stricknadel
farbige Vorfilze und Wollgarne
Plastikfolie
Waschmaschinenbälle

Filzkissen Froschkönig

Weich und sicher liegen die geheimen Schätze der Jüngsten in diesem Filzkissen geborgen. Hinter dem Tulpenmotiv versteckt sich eine gefilzte Tasche, durch deren Größe sich nicht nur kleine Dinge verstecken lassen – auch Puppen oder Kuscheltiere finden hier ein wohliges Versteck.
Die Kissenhülle ist als Stoff gefilzt und anschließend genäht.

Auf eine Plastikfolie werden auf ein Maß von 60 x 118 cm 350 g Merinowolle in 2 Längs- und 2 Querlagen ausgelegt.

Auf eine Hälfte wird eine kreisrunde Noppenfolie mit einem Durchmesser von 45 cm gelegt. Die Abstände zu den drei Außenkanten betragen 7 cm.
40 g gelbe Merinowolle wird 3 cm überlappend auf die runde Noppenfolie ausgelegt. Anschließend einen etwas kleineren Kreis mit 40 g weißer Merinowolle legen (siehe Abb. 1).
Zwei Vorfilztulpen auf den Kreis legen und alles *nässen* (siehe Abb. 2).
Nun erfolgt das *Walken*.
Sobald das Endmaß von 42 x 84 cm erreicht ist,

die Öffnung für die Tasche an einem Tulpenstiel entlang einschneiden. Vorsichtig einen 12 cm langen Schnitt in die obere Lage des Kissens schneiden (siehe Abb. 3).
Die Noppenfolie herausnehmen und das Kissen fertig *walken.*
Die Schnittkante mit heißem Wasser und Seife durch Reiben zwischen den Händen rund filzen (siehe Abb. 4).
Ausspülen, trocknen und *dämpfen* und schließlich auf ein Maß von 40 x 40 cm fertig nähen.

Materialien und Hilfsmittel

350 g grüne Merinowolle
40 g gelbe Merinowolle
40 g weiße Merinowolle
Vorfilz für Tulpenmuster
Legemaß: 60 x 118 cm
Endmaß: 42 x 84 cm
runde Noppenfolie mit 45 cm Durchmesser
Plastikfolie
Tüll
Bambusrollo
Baumwollstoff
Schnüre

1

2

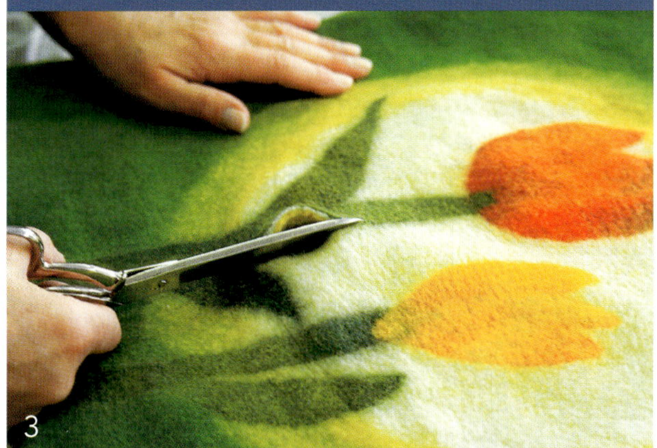
3

4

Savannengelb

Antilopenbraun

Ebenholzschwarz

Geheimnisvolle Zeichen wie schnelle Spuren im heißen Sand – wild und sanft zugleich. Die unbehandelten Materialien und die intuitive Verarbeitung von Hand spiegeln die Entdeckungsreise in eine fremde Welt. Tief verwurzelt im Ursprünglichen geben diese Filzobjekte dem klaren Raum eine archaische Anmutung.

Nadelvlies-Decke Spuren

Wie «Spuren im heißen Sand» liest sich die Musterung der Decke in beige und braunen Tönen. Karakul, Alpaka, Seide, Merinowolle und Merino-Nadelvlies sind die Ausgangsmaterialien dieser Decke (siehe Abb. 1).

Für feine und gleichmäßige Arbeiten bieten einige Wollhändler einen dünnen *Nadelvlies* als Meterware in 190 cm Breite an. Dieses Halbfabrikat wird aus Merinowolle zu einem 3 mm dicken Wollvlies industriell vernadelt. Die Fasern sind nur mechanisch durch breite Nadelbetten verhakt.

Das *Nadelvlies* ist für große Flächen geeignet, erfordert allerdings wegen seiner starken Dehnbarkeit eine vorsichtige Handhabung und etwas Filzerfahrung.

Beim ersten Rollen können sich – durch zu viel Wasser – schnell kleine Falten bilden, die frühzeitig verzogen werden sollten. Große Wasserlachen schieben gerne den Vlies vor sich her und führen zur erwähnten Faltenbildung.

Für die Gestaltung werden die Kammzüge immer der Länge nach gedrittelt auf das zugeschnittene *Nadelvlies* (240 x 140 cm) gelegt (siehe Abb. 2).

Die vier Längsstreifen dunkler Karakulwolle sind auf beiden Seiten des Vlieses der Länge nach ausgelegt. Die Tussah-Seide wird mit etwas Merinowolle verdreht und dann ausgelegt.

Nach dem Auslegen *nässen.*

Die Zwischenräume der braunen Längsstreifen mit Noppenfolie (35 x 240 cm) auslegen, um die Höhenunterschiede zur braunen, beidseitig gelegten Karakulwolle auszugleichen (siehe Abb. 3 auf Seite 45).
Beim *Walken* wird der Druck gleichmäßig ausgeübt.
Nach mehrmaligem *Walken* werden kleine Rechtecke in die braunen Längsstreifen geschnitten (siehe Abb. 4 auf Seite 45). Ihre Funktion ist nicht nur gestalterisch, sondern gleicht zudem die starke Schrumpfung der groben Wolle aus. Da Löcher beim Filzen automatisch größer werden, kann man die braunen Streifen dehnen.
Die Noppenfolie herausnehmen und den Nadelvlies *ohne Kern walken.*
Mit erreichtem Endmaß (100 x 160 cm) kann die wellige Kante mit einem Rundholz als Kern und starkem Druck bearbeitet werden.
Anschließend gut *ausspülen, trocknen* und *dämpfen.*

Materialien und Hilfsmittel

Nadelvlies: 240 x 140 cm
200 g braune Karakulwolle
200 g weiße Merinowolle
50 g Alpaka
30 g Tussa-Seide
Endmaß: 100 x 160 cm
Plastikfolie
Tüll
Bambusrollo oder Rohr
Baumwollstoff und Schnüre

Vorhangstoff Zeichen

Die dichten fellartigen, geometrisch angeordneten Zeichen spielen mit der offenen Transparenz des seidigen Untergrundes.

Seidenorganza ist durch die offene Struktur des Gewebes ein geeigneter Stoff zum Einfilzen. Die Wollfasern können gut von einer Seite zur anderen wandern und sich beidseitig zu einem festen Filz verhaken. Zudem ist das Gewebe strapazierfähig genug, um der Beanspruchung während des Filzvorganges Stand zu halten.
Zwei *Vorfilze* (50 x 70 cm groß) werden aus je 90 g feiner Merino, 60 g Karakul und 30 g Merinowolle hergestellt.
Die feine Merinowolle dringt gut und leicht durch den Stoff, die gröbere Karakulwolle gibt dem Filz mehr Struktur und Charakter. Die Melierung als gestalterisches Element belebt die sehr glatte Oberfläche.
Die entworfenen Musterelemente werden nach einer Schablone um 35 % vergrößert und in doppelter Menge ausgeschnitten.
Den Seidenorganza auf eine Plastikfolie ausbreiten und die geschnittenen Vorfilze beidseitig auf den Stoff legen und mit kleinköpfigen *Stecknadeln* anheften. Die Ecken gut mit den Nadeln fixieren. Hierbei darauf achten, dass die Richtung der Stecknadeln parallel zur ersten Rollrichtung verläuft.
Bei komplizierten Mustern empfiehlt es sich, die

Vorfilze mit Nadel und Faden an den Stoff zu heften.

Beim *Nässen* die Stäbchen aus Vorfilz mit den Handflächen reibend herunterarbeiten. Die Hand in einer Plastiktüte oder sehr dünne Wegwerfhandschuhe erleichtert das Reiben.

Zweimal von der gleichen Richtung gut *walken* und anschließend die Stecknadeln entfernen.

Erneut *walken* – dabei sollte nicht mehr als 35 bis 40 % gewalkt werden, da sonst der Filz eine stärkere Kräuselung des Organzastoffes erzwingt.

Anschließend *ausspülen, dämpfen* und nähen.

Für die Pflege des Vorhangs: vorsichtig von Hand waschen oder zur Reinigung bringen.

Materialien und Hilfsmittel

Seidenorganza 290 x 110 cm (einschl. Saumzugabe)
120 g feine dunkelbraune Merinowolle
60 g verschiedenfarbige Karakulwolle
Stäbchengröße für die Schablone: 3,5 x 14 cm
Endmaß der Stäbchen: ca. 2,5 x 11,5 cm
Plastikfolie
Bambusrolle
Baumwollstoff
Schnüre

Bodenkissen Erzgestein

Unbehandelte mongolische Wolle wird kontrastreich mit einem mit Merinowolle unterlegten, in den Farben irisierenden Seiden-Kupferstoff zusammengefilzt.

Das Legemaß von 100 x 100 cm mit wasserfestem Filzstift auf eine Plastikfolie aufzeichnen.
Auf den mittig platzierten Seidenorganza werden Streifenmuster aus feiner Merinowolle gelegt. Sie bilden eine trennende Zwischenlage zur groben Wolle.
Die Hälfte des *Wollvlieses* kreuzweise in viele dünne Lagen auf den Seidenstoff und die Merinowolle legen und alles *nässen.*
Die mit abgerundeten Ecken zugeschnittene Schablone (100 x 100 cm) auf die nasse Wolle legen. Danach ein Viertel der Wollmenge (225 g) kreuzweise in dünnen Lagen auslegen.
Nässen und anschließend die Wolle der Unterseite über die Schablone einschlagen. Die restlichen 225 g Wolle kreuzweise bis zum Rand auslegen und erneut *nässen.* Die Folie über die Kanten einschlagen und diese mit kreisender Bewegung der Hände anfilzen.
Nun beginnt das *Walken.*
Die *Kanten* und *Ecken bearbeiten* und frühzeitig auf Wulstbildungen kontrollieren. Spitze und lange Ecken von außen nach innen – ohne Kern – fest *walken.*
Nach dem Filzen der Hülle auf ein Maß von

70 x 70 cm wird auf der Rückseite asymmetrisch ein 45 cm langer Schlitz geschnitten. Die mit einer Folie eingefasste Schnittkante wird mit heißem Wasser und Seife durch reiben rund gefilzt.
Anschließend *ausspülen, trocken* und *dämpfen.*

Materialien und Hilfsmittel

Organzastoff mit Metallfäden: 70 x 70 cm
900 g mongolische Wolle
30 g blaue Merinowolle
30 g hellbraune Merinowolle
40 g schwarze Merinowolle
Legemaß: 100 x 100 cm / Endmaß: 70 x 70 cm
Noppenfolie für die Schablone: 100 x 100 cm
Plastikfolie, Noppenfolie, Bambusrollo, Baumwollstoff und Schnüre

Strömungsblau
Kieselsteinbraun
Stromschnellengrau

Fließende Materialien, Strukturen in Bewegung, beruhigende Farben – wie ein sich ständig veränderndes Gewässer muten diese Filzobjekte an, die sich flexibel und individuell nutzen lassen.

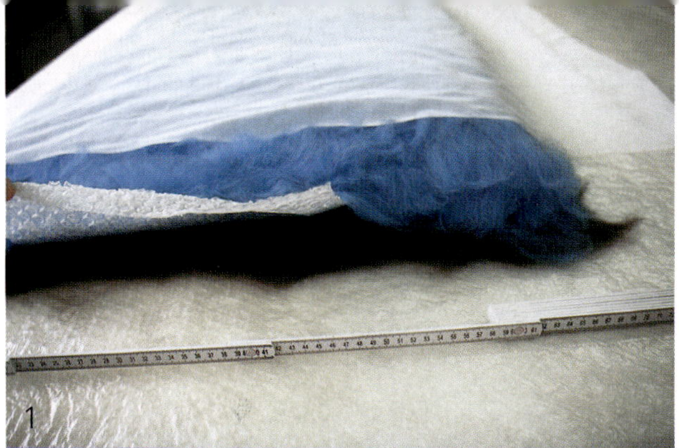

1

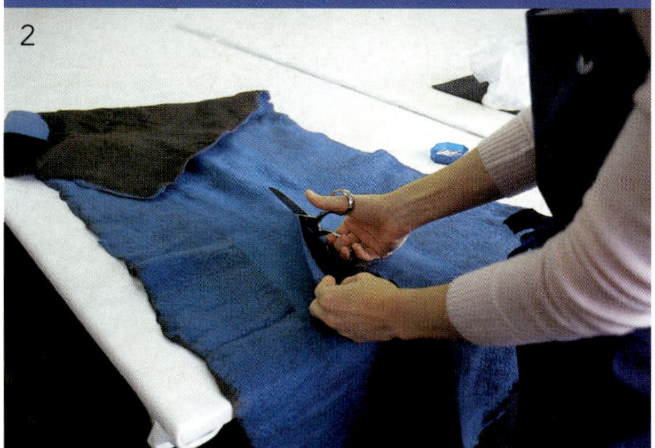

2

3

4

Plaid Verbindung

Eine Decke zum Einkuscheln, Träumen und Faulenzen.
Fließende Übergänge sorgen für eine vielfältige Nutzung dieses geschmeidigen Plaids. Weiche Filzknöpfe stellen eine feste Verbindung zwischen der anschmiegsamen Stola und dem weichen Filz her.

Der Mittelteil besteht aus einer gestrickten Stola, an die dünne Filzbahnen geknöpft werden. Gefilzt wird ein feiner zweifarbiger Stoff, der in der Mitte der Länge nach einen Hohlraum enthält. Durch den Hohlraum lässt sich vermeiden, dass sich in diesem Bereich die Wolllagen der Ober- und Unterseite vermischen.
Nach dem *Walken* werden die Ober- und Unterseite jeweils der Länge nach geschnitten und dann mit Knopflöchern versehen. Das Strickteil wiederum hat beidseitig von Hand gefertigte Filzknöpfe, die mit je einer Filzlage zusammengeknöpft werden.
Mit einem Legemaß von 72 x 225 cm werden auf eine Folie zwei Lagen 200 g superfeiner Merinowolle gelegt. Wichtig ist es dabei, die Wollmenge für jeweils ein Viertel der Fläche zu wiegen und einzuteilen. Dies erleichtert das gleichmäßige und feine Legen der Wolle.
Auf die braune Wolle wird mittig eine Noppenfolie (30 x 230 cm) für den Hohlraum gelegt (siehe Abb.1).
Die blaue superfeine Merinowolle wird nun auch in zwei Lagen dünn aufgelegt.

Anschließend *nässen* und *walken*. Nach der Hälfte des *Walkens* wird die trennende Noppenfolie herausgenommen. Nun sollte im weiteren Filzprozess regelmäßig die Hand in den Hohlraum geschoben werden, um ein Zusammenfilzen zu vermeiden.

Nach dem Erreichen des Endmaßes von 52 x 160 cm beide Filzlagen des Hohlraumes der Länge nach in der Mitte aufschneiden (siehe Abb. 2). Die geschnittenen Kanten Stück für Stück mit den Fingerspitzen auf einer fein geriffelten Gummimatte ca. 50-mal pro Abschnitt (10 cm) nacharbeiten.

Anschließend *ausspülen* und *dämpfen.*

Für die Knöpfe werden Filzscheiben aus einer festen Filzschnur geschnitten und die Scheiben zusätzlich mit Nähgarn sternförmig fixieren (siehe Abb. 3 + 4).

Die Knöpfe werden beidseitig an jeder Längskante der Strickstola angenäht. Anschließend auf die passende Höhe die Knopflöcher in den Filz einschneiden.

Materialien und Hilfsmittel

Strickteil: 70 x 160 cm
Endmaß für die Filzbahn: 52 x 160 cm,
davon 22 cm Hohlraum
Legemaß: 72 x 225 cm
200 g superfeine Merinowolle in Blau
200 g superfeine Merinowolle in Braun
Noppenfolie für den Hohlraum: 30 x 230 cm
Plastikfolie: 100 x 240 cm
Tüll, Bambusrollo, Baumwollstoff, Schnüre

Bodengefäß Tide

Fließende, dreidimensionale Strukturen gestalten den nützlichen Wohnungsbegleiter nach individuellen Lebensbedürfnissen.
Eine Bodenvase oder ein Schirmständer – von Filz ummantelt.

Für dieses Objekt benötigt man einen Einsatz aus Kunststoff, Metall oder – wie in diesem Fall – aus Glas. Da der Filz den Einsatz ummanteln wird, müssen für die Berechnung der Schablone die Maße direkt vom entsprechenden Gefäß genommen werden.
Die Wahl der Wolle richtet sich nach Größe, Stabilität und Funktion des gewünschten Behälters. Für einen guten Stand und die entsprechende Festigkeit wird die grobe und reißfeste Bergschafwolle mit leicht filzender Merinowolle gemischt.
Die Längsmusterung mit unterfütterten *Vorfilzstreifen* gibt dem Schaft des Behälters einen guten Stand und gestaltet diesen zudem durch eine besondere dreidimensionale Struktur.
Für die Berechnung der Schablone wird die Bodenvase vermessen.
Umfang: 64 cm, Höhe: 44 cm, Bodenradius: 16 cm.
Daraus ergibt sich folgende Schablonengröße:
Halber Umfang 32 cm + 12,8 cm (40 % Schrumpfung) = 44,8 cm Schablonenbreite.
Höhe 44 cm + 16 cm Radius = 60 cm + 30 cm (50 % Schrumpfung) ergibt eine Schablonenhöhe von 90 cm, zuzüglich 10 cm Überstand.

Der Überstand verhindert ein Zusammenfilzen der oberen Kanten. Ein Hineingreifen in die Hohlform ist jederzeit möglich und Wulstbildungen an den Kanten sind schnell zu reparieren.
Die Schablone wird für den Bodenbereich rund geschnitten und mit wasserfestem Filzstift auf die Plastikfolie übertragen. Auf das abgezeichnete Schablonenmaß wird nun die Hälfte der Bergschafwolle Lage für Lage im Wechsel mit der Hälfte der schwarzen Merinowolle gelegt.
Nässen und anschließend die Schablone bis auf 2 cm vom Wollrand auflegen.
Zwei weitere Wolllagen bis auf 1 cm vom Schablonenrand auslegen und alles *nässen.*
Die unter der Schablone überstehende Wolle über die Kante nach oben einschlagen und die restliche Wolle kreuzweise in wechselnden Lagen aufbringen.
Nach dem *Nässen* wird die Folie über die *Kante* eingeschlagen und mit leichtem Druck der Hände angefilzt.
Jeder der 26 Vorfilzstreifen (5 x 40 cm) wird der Länge nach gefaltet, mit einem Drittel Kammzugband unterfüttert und an das Filzgefäß geheftet (siehe Abb. 1 auf Seite 56).
Die fixierten Vorfilzstege, je 13 Stück pro Seite, mit Wasser und Seife zwischen den Fingern anfilzen.
Dünne Rundhölzer werden in die Zwischenräume der Stege gelegt, um ein Anfilzen zu vermeiden. Zusätzlich werden diese durch den Druck der Rundhölzer mitgewalkt (siehe Abb. 2 auf Seite 56).
Alles *walken* und die Stege immer wieder nacharbeiten (siehe Abb. 3 auf Seite 56).

Zum *Walken* in der Breite die Rundhölzer entfernen und von der Bodenseite her einrollen. Regelmäßig die Hohlform in die Längsachse drehen, um so die *Kanten* mittig zu filzen.
Für die Bodenbearbeitung zwei Isoliermatten auf 64 cm (= Gefäßumfang) zusammenrollen. Der fast fertige Filz wird darüber gestülpt. Mit heißem Wasser und Seife die Rundung vom Boden durch Reiben der Hände zueinander herunterarbeiten (siehe Abb. 4 auf Seite 56).
Anschließend *ausspülen.*
Zum *Trocknen* das Filzobjekt über die Bodenvase oder die Isoliermatten stülpen und mit dem Boden nach oben trocknen.
Nach dem *Dämpfen* die einzelnen Stege sorgfältig aufrichten.

Materialien und Hilfsmittel

450 g braune Bergschafwolle
150 g schwarze Merinowolle
80 g blaue Merinowolle
130 x 40 cm blauer Vorfilz (26 Streifen, 5 x 40 cm)
Endmaß des Gefäßes: 44 cm Höhe, 16 cm Bodenradius, 64 cm Umfang
Schablonenmaß: 44,8 x 100 cm
Noppenfolie für die Schablone
Plastikfolie
Bambusrollo
Baumwolltuch
Schnüre

1

2

3

4

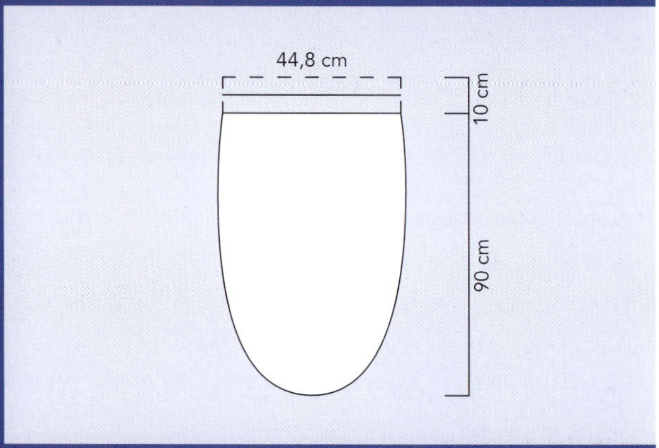
44,8 cm
10 cm
90 cm

Behälter Strandgut

Hier bestimmen die individuellen Bedürfnisse und Wünsche des Anwenders die Größe und Form des Behälters. Allerlei Dinge – ob Zeitungen, Kleidung, Spiel-, Näh- oder Strickzeug – können verstaut werden. Ganz individuell zeigt sich das mit einem Strickteil gestaltete Gefäß.

Sehr lehrreich ist das vorherige, wenig zeitintensive *Einfilzen von Strickproben*. Daher sollte, der gewünschten Dicke entsprechend, die richtige Wollqualität und -menge gewählt werden.
Für das abgebildete Muster wurden Ziegenhaar-, Leinen- und Haargarn mit 12er Nadeln verstrickt und mit 120 g Wolle auf 40 x 40 cm ausgelegt und (*gewalkt*) gefilzt (siehe Abb. 1 + 2 auf Seite 58).
Auf mindestens 40 % sollte die Probe geschrumpft werden. Bei höherer Schrumpfung kann man genau beobachten, wie die Strukturen sich weiter verändern und welche Fremdmaterialien durch die Verdichtung der Fasern aus dem Filzverbund herausgeschoben werden.
Ein eigenes Musterbuch entsteht, wenn gemessene, berechnete und gewogene Proben vor und nach dem Filzen schriftlich festgehalten werden.
Die Endmaße von 100 cm Umfang und 40 cm Gefäßhöhe zuzüglich 16 cm Bodenradius ergeben folgende Schablonenberechnung:
Ein halber Umfang von 50 cm + 40 % (= 20 cm) sind 70 cm in der Breite.

Die Höhe von 56 cm + 50 % (= 28 cm) beträgt 84 cm; zuzüglich 10 cm Überstand der Noppenfolie.
Die Noppenfolie wird in den Maßen 70 x 94 cm zugeschnitten; hierbei den Bodenbereich rund schneiden.
Auf eine Plastikfolie wird mit wasserfestem Filzstift die Behälterform, abzüglich der 10 cm Überstand, gezeichnet.
Die Hälfte der gesamten Wollmenge kreuzweise in wechselnden Wolllagen auf die vorgezeichnete Behälterform auslegen, dabei ergänzen sich die schnelle Filzneigung der Merinowolle und die hohe Reißfestigkeit der groben Wolle vorteilhaft.
Die hellbraune Merinowolle für den Bodenbereich nur im unteren Drittel auslegen. Alles *nässen*.

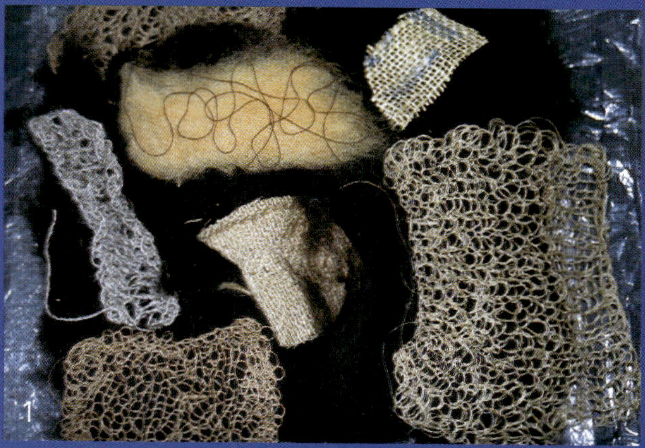
1

3

2

4

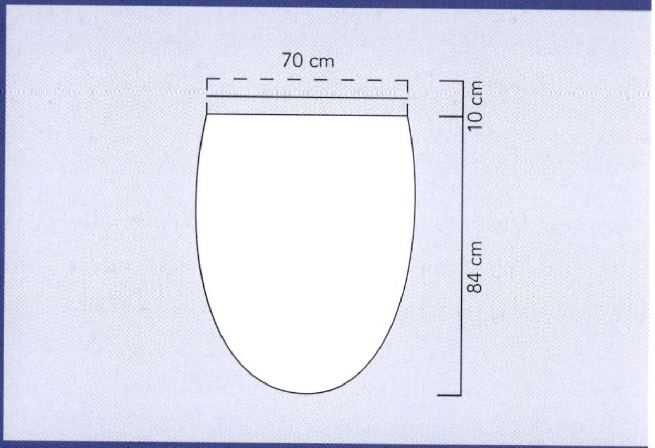
70 cm
10 cm
84 cm

Die Schablone 2 cm vom Wollrand auflegen. Die restlichen 20 g hellbrauner Wolle auf das untere Drittel der Schablone (siehe Abb. 3) und zwei weitere Wolllagen bis auf 1 cm von der Schablonenkante aufbringen. Erneut *nässen.*
Anschließend die unter der Schablone überstehende Wolle über die Kante nach oben einschlagen und die restliche Wolle kreuzweise in wechselnden Lagen aufbringen.
Nach dem *Nässen* wird die Folie über die Kante eingeschlagen und mit sanftem Druck der Hände die *Kanten* und der Mittelbereich in leichten kreisförmigen Bewegungen angefilzt.
Das bereits vorgefertigte schlauchförmige Strickteil wird nun wie ein Strumpf über die gesamten Wolllagen übergezogen (siehe Abb. 4), mit dünner Folie zugedeckt und mit den Händen eingearbeitet. Nun beginnt das *Walken.*
Wenn das Gefäß seine Breite fast erreicht hat, wird der Filz über einen Eimer (idealerweise mit gleichem Umfang) gestülpt und mit beiden leicht seifigen Händen zueinander gearbeitet und so lange gerieben, bis die Rundung flacher wird.
Zwischendurch sollte man auch mal *ohne Kern walken.*
Anschließend *ausspülen* und *trocknen* – wenn möglich über dem Eimer, sofern die Kanten nicht aufsitzen.
Ein sehr steifer Behälter kann durch den Auftrag von Hut-Appretur (siehe Herstellerangaben) im feuchten Zustand erreicht werden.

Materialien und Hilfsmittel

300 g schwarze Islandwolle
280 g schwarze Merinowolle im Kammzug
40 g hellbraune Merinowolle im Kammzug
Endmaß: 40 cm Höhe, 16 cm Bodenradius, 100 cm Umfang
Schablonenmaß: 70 x 94 cm
(84 cm Behälter + 10 cm Überstand)
Noppenfolie für die Schablone
Tüll
Plastikfolie
Bambusrollo
Baumwolltuch
Schnüre

Swimmingpoolblau

Wohlfühlgrau

Vanilleeisgelb

Ein entspannter Tag. Ein Moment ganz für mich. Weiche Materialien umschmeicheln den Körper, kühlen oder wärmen, passen sich flexibel den Bedürfnissen an.

Liegematte Chill out

Eine Liegematte für die Beach-Party, den Ausflug oder zum Relaxen. Ein treuer Begleiter für die Freizeit und die eigenen vier Wände.
Aus strapazierfähiger und isolierender Bergschafwolle lässt es sich weich und zwanglos darauf liegen und erholen. Durch zwei Kordeln ist sie schnell eingerollt und transportbereit.

Vier Kordeln werden aus jeweils einem 140 cm langen Kammzugstück gefertigt. Die fertige Kordel misst 80 – 85 cm. Ein Ende sollte trocken und ungefilzt bleiben.
Ein roter und ein weißer *Vorfilz*, je 30 x 70 cm groß, werden aus Merinowolle (80 g pro Farbe) hergestellt.
Aus einem Vorfilz ein grafisches Muster herausschneiden und auf eine große Plastikfolie legen.
Die trockenen Enden von zwei Kordeln mit einem Faden an die obere Kante des Vorfilzes heften.
1,5 kg Bergschafwolle werden in mehreren Lagen auf die Folie in den Maßen 85 x 240 cm ausgelegt. Die gleichmäßig dicken Lagen sollten abwechselnd in Längs- und in Querrichtung gelegt werden.
Die Kordeln liegen außerhalb der Wolllagen.
35 – 40 cm von der Oberkante entfernt werden zusätzlich 200 g Wolle kreisförmig als spätere Kissenerhöhung ausgelegt (siehe Abb. 1).
Die Kordeln einzeln in Folie einpacken, damit sie beim *Walken* nicht einfilzen.

Nun ohne Seife *nässen*. Der Verzicht auf Seife erleichtert später das *Ausspülen*.
Die Noppenfolie (20 x 250 cm) an die Längsseiten legen, um den Höhenunterschied zur Kissenerhöhung beim Rollen auszugleichen.
Während des nun folgenden *Walkprozesses* immer wieder die Kordeln nacharbeiten und unterschiedlich in die Rolle legen. Die Kissenerhöhung durch Schlagen mit der flachen Hand herausarbeiten (siehe Abb. 2 + 3).
Das *Walken* mit jugendlicher Hilfe spart Kräfte und beschleunigt die Arbeitszeit, bis das Endmaß von 65 x 180 cm erreicht ist (siehe Abb. 4).
Zum Schluss die Kordeln und die Kopferhöhung rund nacharbeiten.
Abschließend noch *ausspülen*, *trocknen* und *dämpfen*.

Materialien und Hilfsmittel

160 g rote Merinowolle
160 g weiße Merinowolle
240 cm roter Merinokammzug
240 cm weißer Merinokammzug
1,7 kg blaue Bergschafwolle
1,7 kg schwarze Bergschafwolle
Legemaß: 85 x 240 cm
Endmaß: 65 x 180 cm
Plastikfolie
Tüll
Bambusrollo (Rundholz oder Rohr)
Noppenfolie
Baumwolltuch
Schnüre

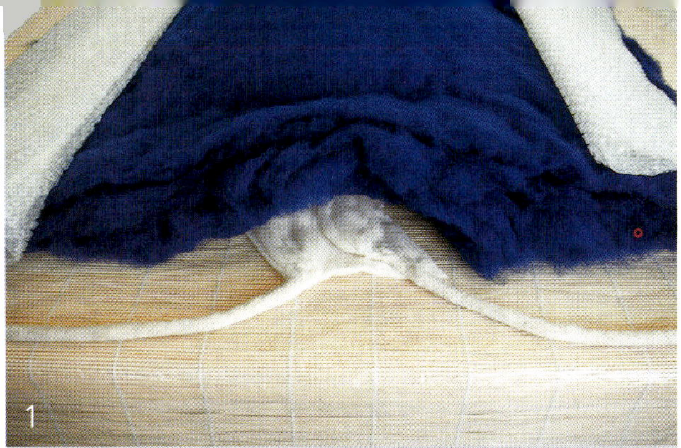

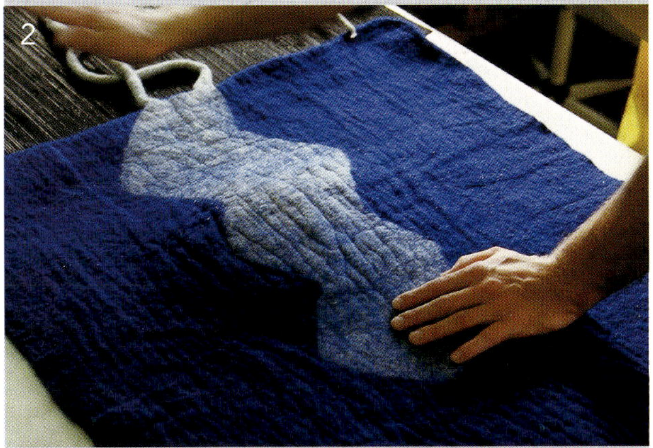

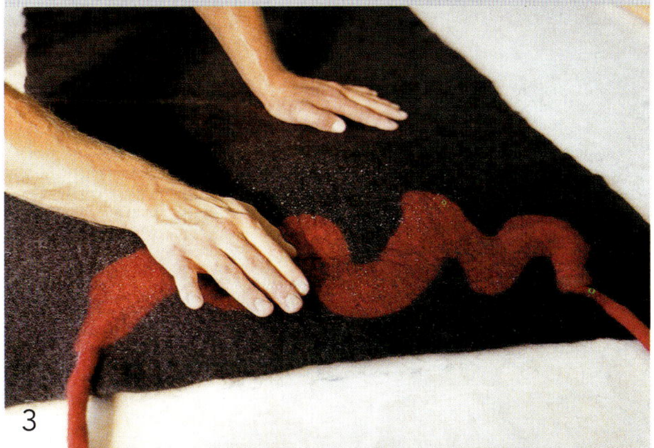

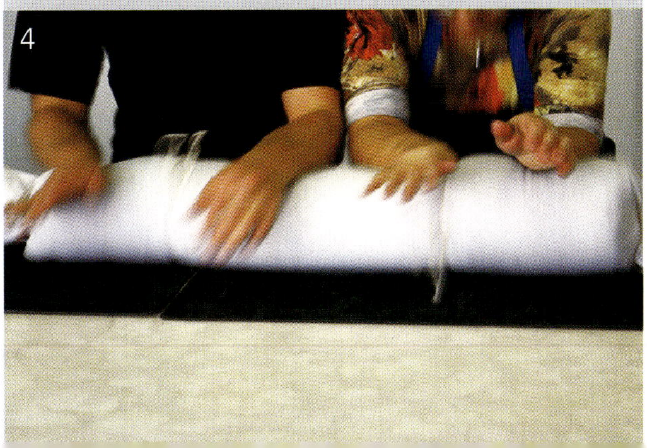

Mohairdecke Kokon

Wie ein Kokon schmiegt sich diese Decke um den Körper.
Weich und geschmeidig aus edlen Mohairgarnen und feiner Merinowolle hergestellt, ist durch die gitterartige Struktur ihr Faltenwurf besonders schön und anschmiegsam.

Verschiedene Kid-Mohair-Strickgarne, Seidengarn, feines Strukturgarn und Nadelvlies sind die Ausgangsmaterialien für diese Decke (siehe Abb. 1). Dieses Unikat lässt sich in jedem individuell gestalteten Raum schön integrieren.

Mit etwas Filzerfahrung kann *Nadelvlies* für die Mohairdecke verwendet werden. Hierdurch wird die Arbeitszeit stark verkürzt und die Qualität sehr gleichmäßig.
4 qm *Nadelvlies* werden in 3, 4 und 5 cm breite Streifen geschnitten (siehe Abb. 2).
Ein gitterartiges Geflecht entsteht, wenn auf einer Plastikfolie Nadelvliesstreifen im Wechsel mit 4 – 7 Stickgarnen in Quer und Längsrichtung auf ein Maß von 150 x 240 cm ausgelegt werden.
Die Abstände zwischen den Nadelvliesstreifen sollten 5 cm nicht überschreiten.

In diesen Leerräumen liegen die Mohairgarne, die durch ihren herstellungsbedingten Anteil an Polyester oder Polyamid (15 – 25 %) eine sehr gute Reißfestigkeit haben (siehe Abb. 3).
Das Geflecht *nässen* und Zug um Zug mit einem Bambusrollo aufwickeln.
Die Mohairdecke so lange *walken*, bis das Endmaß von 100 x 180 cm erreicht ist.
Den Filz *ausspülen* und anschließend vorsichtig in einem Bettbezug in der Waschmaschine schleudern.
Trocknen und mit einem Baumwolltuch vorsichtig *dämpfen*.

Materialien und Hilfsmittel

5 – 6 Knäuel Kid-Mohair-Strickgarn (Lauflänge pro Knäuel ca. 100 – 140 m)
Seidenstrickgarn
Strukturgarn
4 qm Nadelvlies
Legemaß: 150 x 240 cm
Endmaß: 100 x 180 cm
Schneideunterlage
Lineal
Rollschneider
Plastikfolie
Tüll
Bambusrollo
Baumwolltuch
Schnüre

1

2

3

Teppich Schritte

Dieser 140 cm breite und 160 cm langer Filzteppich hinterlässt Spuren im Raum.
Bedruckte Baumwollstoffe sind in mehrere Merino- und Steinschafwolllagen eingefilzt. Die Fußabdrücke wurden nachträglich aus der oberen Lage herausgeschnitten und die Form mit Zierstichen betont.

Classic

Tiefschwarz

Signalrot

Teenagerbunt

Sich abgrenzen, Geheimnisse haben und dennoch verspielt sein.

Die klaren Formen und kontrastierenden Farben dieser Filzobjekte symbolisieren das ambivalente Lebensgefühl der Jugend.

Vorhang Punkte

Ein blickdichter Vorhang zum Ein- und Abgrenzen. Die individuelle Gestaltung des Stoffes bezieht nicht nur die Fläche, sondern auch die Aufhängung und die Abschlusskante mit ein. Den Einsatz doppelt dicker Vorfilze für die Aufhängung und das Schneiden von Öffnungen, ohne dass der Stoff bei der Benutzung ausfranst, sind Vorteile der Gestaltung mit Filz.

Basis ist ein Wollstoff «Etamine de Laine», den es in verschiedenen Dicken und Dichten gibt. Dieser grob gewebte Wollstoff filzt gut mit Vorfilzen und Wolle zusammen. Dabei schrumpft er selbst um 30 – 40 %. Diese Stoffe können auch teilweise in der *Waschmaschine gewalkt* werden. Probefilzen ist im Vorfeld unbedingt notwendig. Dafür werden zuerst 20 cm «Etamine de Laine» mit Nadelvliesmustern gestaltet und gewalkt.
Unter Zugabe der berechneten Schrumpfung (30 – 40 %) können der Wollstoff und der *Nadelvlies* gekauft werden. Selbst gefertigte *Vorfilze* sind auch für die Gestaltung des Vorhangs geeignet. Allerdings fallen diese dicker und dadurch schwerer aus, was bei der Planung der Aufhängung berücksichtigt werden sollte.
Aus ca. 4 qm verschiedenfarbigen Nadelvliesen werden Punkte in mehreren Durchmessern (5 – 15 cm) jeweils in doppelter Ausführung geschnitten und beidseitig an den Stoff geheftet.
Für die Aufhängung (obere Kante) werden die

Punkte in vierfacher Menge (pro Seite 2) eng aneinander fixiert. Die großen Punkte mit Loch werden in regelmäßigen Abständen und in gleicher Höhe platziert (siehe Abb. 1).

Geübte Filzer können die Punkte mit *Stecknadeln* parallel zur kurzen Kante fixieren.

Den mit Punkten behefteten Stoff auf eine Plastikfolie legen. Jeder Punkt wird einzeln *genässt* und angefilzt (siehe Abb. 2 + 3).

Mit einem bereits vorbereiteten Bambusrollo den Vorhang während des *Nässens* einrollen.

Zum Schluss die fertige Rolle in ein Baumwolltuch einrollen, schnüren und *walken.*

Den Vorhang nach dem Erreichen des Endmaßes *ausspülen.*

Aus den großen Punkten jeweils einen Kreis von 4 cm Durchmesser herausschneiden.

Die Rundungen der Oberkantenpunkte werden sauber nachgeschnitten und überschüssiger Stoff entfernt (siehe Abb. 4).

Nach dem *Dämpfen* die Kanten nähen.

Materialien und Hilfsmittel

Wollstoff «Etamine de Laine» (ca. 320 x 155 cm)
4 qm Nadelvlies
Plastikfolie
Bambusrollo
Baumwollstoff
Schnüre

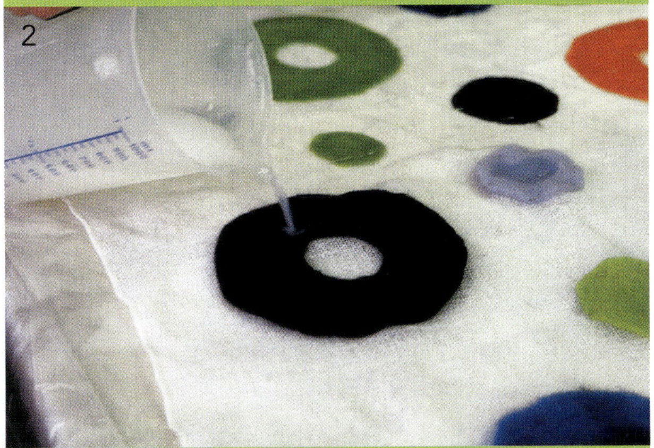

Taschenwand Sammelsurium

Für jeden «Krimskrams» die passende Tasche! Elastisch in der Form und flexibel in der Nutzung passt sie sich jedem Inhalt an. Ideal für Flur, Arbeits- oder Jugendzimmer. Es können Zeitschriften, Bücher, CDs und Kleidungsstücke schnell und übersichtlich verstaut werden.
Verschiedene bunte und von Hand gestrickte Rechtecke werden mit einer schwarzen Wollfläche zu einer Pinnwand zusammengefilzt.

Die aus Wollgarn gestrickten Taschen schrumpfen beim *Walken* mit. Das Gestrick wird dichter, strapazierfähiger und behält seine Elastizität.
Beim Benutzen dehnen sie sich und passen sich ganz ihrem Inhalt an.
Der dicke Filzaufbau sorgt für einen formstabilen Hintergrund.
Zur Planung des Wandbehangs gehört eine erste *Musterung* der Woll- und Strickqualitäten. Geeignet sind einfache Wollgarne mit maximal 15 % Kunstfaseranteil und einer Lauflänge von ca. 75 m pro 50 g. Gestrickt werden 10 x 10 cm große Stücke mit 6er oder 7er Nadeln.
Maschen und Reihen zählen, Maße in Breite und Länge nehmen und von Hand oder im Kurzwaschgang in der Waschmaschine bei 60 °C waschen. Anschließend das Muster neu vermessen und den Prozentsatz der Schrumpfung berechnen. Die Schrumpfung in der Waschmaschine ist am höchsten und ergibt ein schnelles Ergebnis.

Achtung! Die Schrumpfungswerte können in beide Richtungen unterschiedlich sein und nicht den Werten beim Handfilzen entsprechen.
Nun können beliebig viele Teile in verschiedenen Farben und mit dekorativen Mustern gestrickt werden.
Auf eine große Plastikfolie (Maße: 80 x 160 cm) wird 700 g grobe Wolle (z.B. Steinschaf-Lamm) und 220 g schwarze Merinowolle kreuz- und wechselweise aufgelegt.
Nach dem *Nässen* die Folie über die *Kante* einschlagen und diese mit leichtem Druck der Hände anfilzen.
Die Strickteile werden auf die Fläche verteilt und an die ausgelegte Wolle mit einem Faden geheftet (siehe Abb. 1 auf Seite 77).
Die obere Kante für die Taschenöffnung hierbei frei lassen. Die Hängetasche für Zeitschriften wird nur oben und unten geheftet.
In jede Tasche ein Stück Noppenfolie zum Trennen hineinlegen. Die restlichen 40 g Merinowolle werden über die zu filzenden Kanten der Strickteile in jeweils einer Längs- und einer Querlage ausgelegt (siehe Abb. 2 + 3 auf Seite 77).
Die Kanten *nässen* und anfilzen.
Bis zur Hälfte des Endmaßes *walken*, die Noppenfolien herausnehmen und bis zum Maß von 57 x 112 cm *weiterwalken*.
Sollten die Stricktaschen noch zu lappig sein, kann man von Hand mit Seife nachfilzen (siehe Abb. 4 auf Seite 77).
Anschließend alles *ausspülen, trocknen* und *dämpfen*. Für die Aufhängung rücklings ein Rundrohr o. Ä. anbringen.

ANDREAS VENZKE

Materialien und Hilfsmittel

Verschiedene Strickgarne aus Wolle, ca. 75 m pro 50 g
6er oder 7er Nadel
700 g grobe Wolle (Steinschaf-Lamm)
260 g schwarze Merinowolle
Endmaß: 57 x 112 cm

Taschenendmaße:
rote Tasche – 23 cm breit, 20 cm hoch
blaue Tasche mit Kreuz – 16,5 cm breit, 18 cm hoch
grüne Schlaufe – 23 cm breit, 36 cm hoch
blaue Tasche – 24 cm breit, 18 cm hoch
orange Tasche – 20 cm breit, 17 cm hoch

Legemaß: 80 x 160 cm
Strickteile:
rote Fläche – 30 cm breit, 26 cm hoch
blaue Fläche mit Kreuz – 23 cm breit, 22 cm hoch
grüne Schlaufe mit schwarzen Streifen – 33 cm breit, 44 cm hoch
blaue Fläche – 31 cm breit, 23 cm hoch
orange Fläche – 25 cm breit, 23 cm hoch

Plastikfolie
Noppenfolie
Tüll
Bambusrollo
Baumwolltuch
Schnüre

1

2

3

4

Strickkissen Comic

Ein jugendliches Kissen für die selbst gestaltete Kuschelecke oder das geliebte Sofa – zum Träumen, Hoffen oder auch Schmollen.

Inspiriert durch Zeichnungen oder Comics werden grafische Muster aus *Vorfilzen* zugeschnitten und auf alte Pullover oder Strickstoffe aufgenäht. Durch das *Walken in der Waschmaschine* erhält man sehr individuelle Ergebnisse.
Zuerst werden aus 120 g Merinowolle 60 x 60 cm große *Vorfilze* hergestellt.
Für die Kissenhülle benötigt man ein rechteckiges Gestrick (60 x 100 cm) oder einen alten Pullover mit abgetrennten Ärmeln und Kragen. Das Garn sollte 50 % Wolle enthalten.
Ein höherer Wollanteil ergibt eine höhere Schrumpfung des Strickgrundes. Allerdings gibt es auch Wollgarne, die quasi eine «Antifilzausrüstung» haben und dann gar nicht schrumpfen. Wer sicher gehen will, der strickt ein Probestück (20 x 20 cm) oder schneidet ein Stück vom Ärmel ab und wäscht es bei 60 °C im Kurzwaschgang in der Waschmaschine (*Mustern*).
Vorfilze in verschiedenen Farben werden nach

eigenem Entwurf in doppelter Ausführung und 30 % größer zugeschnitten.

Mit Nähgarn die Motive beidseitig an das Gestrick heften (siehe Abb. 1, 2 + 3).

Anschließend die gehefteten Vorfilze *nässen* und gut anfilzen (siehe Abb. 4).

Im nassen Zustand das Gestrick in die Waschmaschine legen und bei 60 °C und etwas Wollwaschmittel im Kurzwaschgang waschen.

Eine sehr gute Verfilzung erhält man bei der Zugabe von *Waschmaschinenbällen,* die speziell für das Waschen in der Waschmaschine entwickelt wurden.

Am Schluss *ausspülen*, mit mittlerer Schleuderzahl schleudern, *trocknen* und *nähen.*

1

2

3

4

Materialien und Hilfsmittel

Vorfilz aus 120 g Merinowolle, 60 x 60 cm
Strickteil, 60 x 100 cm offen
Nährgarn
Folie
Waschmaschine
Wollwaschmittel
Waschmaschinenbälle

Mensch ärgere dich nicht!

Als Spielauflage oder Sitzkissen findet das «Mensch ärgere dich nicht» in jedem Jugendzimmer seinen Platz für lustige und aufregende Momente.

Es ist weich und felxibel, 45 cm x 45 cm groß und aus Merino- und Steinschafwolle gefilzt.

Jeder Spieler hat sein eigenes farbiges rundes Filzsitzkissen aus strapazierfähiger Neuseelandwolle.

Himmelblau
Abenteuergrün
Rennwagenrot

Das Leben mit all seinen Formen und Farben entdecken, immer auf der Suche nach neuen Erfahrungen – und abends auf weichen Kissen von neuen Abenteuern träumen …

Krabbeldecke Max

Von Kindern für Kinder gemacht. Eine Kuscheldecke zum Liegen, Spielen, Schlafen. Ältere Kinder können bei der Gestaltung und beim Filzen mitwirken – vielleicht entsteht so ja ein Willkommensgeschenk für ein nahendes kleines Geschwisterchen!?

Verschiedene Rechtecke (55 x 45 cm) aus *Vorfilz* oder *Nadelvlies* bilden die Grundfläche zur Gestaltung. Ob Vorfilz oder Nadelvlies verwendet wird, hängt davon ab, wie gut die mitwirkenden Kinder mit einem so feinen, dehnbaren Material umgehen können. Stabiler in den Händen wird ein in Rechtecke à 50 g gelegter Vorfilz sein.
Für eine reine Bodenkrabbeldecke sollte die gesamte Wollmenge verdoppelt werden.
Die Rechtecke können mit kleinen Vorfilzen, Garnen und Wollfasern gestaltet und durch das Sticken zusätzlich fixiert werden.
Für das Walken wird auf eine Plastikfolie die blaue Merinowolle der Deckenrückseite in zwei Lagen (128 x 210 cm) ausgelegt.
Ein *Wiegen der Wolle* und Vierteln der Fläche mit einem wasserfesten Filzstift auf der Plastikfolie unterstützen ein gleichmäßiges Auslegen der Wolle.
Die von den Kindern gestalteten und bestickten Vorfilze werden auf genau 55 x 45 cm zugeschnitten und auf die blaue Wolle mit 6 cm Abstand zur Außenkante und zueinander gelegt.
Die Umrandungen mit weißer Merinowolle auslegen.
Das gemeinsame *Nässen* und *Walken* mit den Kindern dauert zwar etwas länger, kann aber zu einem großen Erlebnis werden.
Die beim *Walken* beteiligten Personen sollten alle 2 – 3 Minuten die Seiten tauschen, um den unterschiedlichen Druck auszugleichen.
Mit einem Lied wird der Rhythmus beibehalten und der Spaß ist groß!
Nach dem Erreichen des Endmaßes von 90 x 140 cm wird alles *ausgespült, getrocknet* und auf mittlerer Stufe *gedämpft*.

Materialien und Hilfsmittel

Vorfilze oder Nadelvlies – 8 Rechtecke, je 55 x 45 cm
Wollgarne
bunte Vorfilze
Sticknadeln
Schere
360 g blaue superfeine Merinowolle
140 g weiße superfeine Merinowolle
Endmaß: 90 x 140 cm
Legemaß: 128 x 210 cm
Plastikfolie
Tüll
Baumbusrollo oder Besenstiel mit Noppenfolie
Baumwollstoff
Schnüre

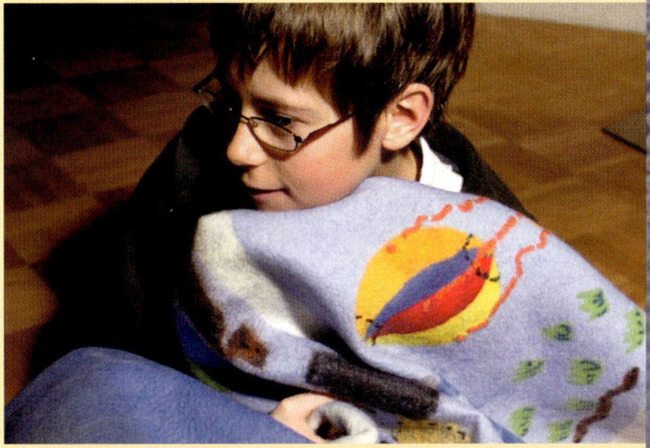

Nuno-Seidenkissen

Ein zartes, weiches Kinderkissen aus Seide und feinster Merinowolle in Nuno-Technik gefilzt.

Für dieses zarte Kissen wird Pongéseide auf eine Plastikfolie ausgelegt. Von beiden Längskanten nach innen werden 15 cm abgemessen und markiert.
Das Vlies aus feiner Merinowolle wird mit der Schere geschnitten (60 x 90 cm).
Anschließend wird jedes Vlies längs und mittig geteilt, um dann nebeneinander auf die Seide gelegt zu werden. Die Überlappungen der Vliese sollten nicht zu dick sein.
Die Seide wird links und rechts 15 cm eingeschlagen. Dabei 2 – 3 cm an der Außenkante nur Seide auf Seide für die Rüschchen legen (siehe Abb. 1). Die Seide mit *Stecknadeln* parallel zur kurzen Kante heften, um ein Verschieben der Pongéseide beim Rollen zu vermeiden.
Die Seidenkanten und das Wollvlies, die nicht mit dem Seidenstoff bedeckt sind, mit etwas Merinowolle und gezupfter Tussahseide belegen (siehe Abb. 2).
Mit wenig Wasser *nässen*. Zu viel Wasser verdrängt die Wolle beim Aufrollen und erzeugt Löcher und Falten in der Wolle. Dadurch wird die Oberfläche unregelmäßig.
Von der kurzen Seite her *walken*, dann die *Stecknadeln* entfernen und erneut mit sanftem Druck *walken*.

Durch die starke Schrumpfung entsteht aus dem Seidenband eine Borte mit gut herausgearbeiteten Rüschchen (siehe Abb. 3).
Anschließend alles gründlich *ausspülen.*
Beim Nähen die Rüschchen bewusst nach außen nehmen. Zuerst wird die kurze Seite genäht, dann der Schlauch gedreht. Auf einer Seite – knapp neben den Rüschchen – die Naht setzen. Das Kissen in die Hülle schieben und die letzte Naht ebenfalls knapp neben der Rüschchenborte ansetzen.
Wenn Sie ein waschbares Kissen nehmen, muss künftig keine Naht wieder geöffnet werden.

Materialien und Hilfsmittel

Pongéseide 0.5, 140 x 90 cm
60 x 90 cm feine Merinowolle im Vlies
Tussahseide im Strang
Fertigmaße: 43 x 84 cm
Kissenmaß einschl. Rüschchen: 43 x 40 cm
Tüll oder Gittertuch
Plastikfolie: 160 x 100 cm
Bambusrollo
Baumwolltuch
Schnüre

Zuckerwatterosa

Kirschblütenweiß

Traumfeengrün

Winzige Füßchen auf weicher Wolle, ein kleines Köpfchen auf zarter Seide – liebevoll gefertigte Filzobjekte mit verträumten Details schaffen ein warmes Gefühl grenzenloser Geborgenheit.

Bettvorleger Ballerina

Ein weicher Boden für zarte Füßchen in liebevollen, sanften Farben gefilzt.

Für die Streifenmusterung und die Quadrate des Bettvorlegers werden farbige *Vorfilze* hergestellt und unterschiedlich zugeschnitten (siehe Abb. 1). Die Auswahl der Wolle richtet sich nach ihrer Funktion. Rückseitig besteht der Bettvorleger aus grober, robuster und strapazierfähiger Bergschafwolle. Die oberen Lagen bestehen aus feiner Merinowolle mit höherer Filzneigung und höherer Dichte.

Einen beschleunigten Filzvorgang mit hoher Produktqualität erreicht man durch die gezielte Auswahl der Wollsorten.
Die weiche Oberfläche ist kindgerecht – gerade dann, wenn die ersten Schritte noch zaghaft gegangen werden. Zudem wirkt ein dichter Filz Schmutz abweisend, d.h. grober Schmutz fällt weniger in das Innere des Filzes und kann somit nicht so leicht den Wollfaserverbund aufrauen.
Eine Gleichmäßigkeit in der Filzdicke entsteht durch die gleichmäßige Aufteilung der Wollmenge pro Lage. Sie wird auf einer Plastikfolie

für das berechnete Maß von 185 x 77 cm ausgelegt. Darauf kommen die geschnittenen *Vorfilze*. Als nächster Schritt folgt das *Nässen*.

Vor dem *Walken* wird der Tüll entfernt und zum Schluss hin auch den Kern zum *Walken* ganz entfernen (siehe Abb. 2 und die Abb. auf Seite 128 oben).

Vor dem Erreichen des Endmaßes (140 x 55 cm) den Bettvorleger *durch Walken der Kanten* korrigieren, sodass er gleichmäßig breit ist. Danach den Filz mit einem Rundholz glätten (siehe Abb. 3).

Nun kann man alles *ausspülen* und *trocknen*.

Materialien und Hilfsmittel

660 g weiße Bergschafwolle
400 g weiße feine Merinowolle
verschiedene Vorfilze
Endmaß: 140 x 55 cm
Legemaß: 196 x 77 (berechnete Schrumpfung von 40 %)
Plastikfolie: 200 x 100 cm
Tüll oder Gitterstoff
Bambusrollo
Baumwollstoff
Schnüre

Gitterkissen Wölkchen

Ein Seidenbabykissen mit feinster wärmender Merinowolle.
Für Kleinstkinder sind ungefärbte Merinowollqualitäten und Seiden besonders gut geeignet.
Dieses Kissen ist außen ganzflächig aus Seide und innen mit einem gitterähnlichen Raster aus feinem Merinokammzug hergestellt. So bilden sich die wolkigen Erhebungen, die dem Kissen seine Leichtigkeit und Luftigkeit verleihen.

Auf eine dünne Folie (140 x 100 cm) wird ein Stück Pongéseide (110 x 90 cm) ausgelegt.

Links und rechts von der Längskante der Seide werden jeweils 15 cm nach innen gemessen. Hier wird jeweils links und rechts einer der ersten, in Längsrichtung zu drittelnde Kammgarnstrang der Länge nach auszulegen.
In diesem Zwischenraum werden in gleichen Abständen 4 weitere dünne Kammgarnstränge aufgelegt, deren Farben variieren können.
Im rechten Winkel wird in gleichen Abständen die restliche Wolle ausgelegt (siehe Abb. 1 auf Seite 96).
Das Wollgitter wird in Längsrichtung bis zum ers-

ten Strang mit der Pongéseide eingeschlagen und mit *Stecknadeln* fixiert (siehe Abb. 2 auf Seite 96). Anschließend alles *nässen*. Zu Beginn ist behutsames *Walken* angebracht (siehe Abb. 3 auf Seite 96).

Wichtig! Nach dem ersten Öffnen nicht mit den Fingern die Wolle auf der Seide verschieben, weil man so die Faserenden, die sich gerade durch den Stoff schieben, wieder herauszieht und damit eine gute Verbindung der Wolle mit der Seide erschwert wird.

Nun kann man weiter mit dem *Walken* fortfahren. Die Rasterstruktur wird langsam sichtlich dreidimensional. Die Seide, nicht mit Wolle hinterlegt, wirft sich blasenähnlich nach oben und verleiht dem Kissen seine unverwechselbare, wolkige Struktur.
Zum Schluss alles *ausspülen, trocknen* lassen und von Hand oder mit der Nähmaschine zum Kissen vernähen.

1

2

3

Materialien und Hilfsmittel

weiße Pongéseide 0.5, 110 x 90 cm
ca. 80 g feine Merinowolle im Kammgarn
Fertigmaß: 38 x 74 cm
Kissenmaß: 36 x 36 cm
Gittertuch oder Tüll
dünne Plastikfolie: 140 x 100 cm
Bambusrollo
Baumwolltuch
Schnüre

Mistelzweiggrün

Granatapfelrot

Königskronengold

Kostbare Materialkombinationen in luxuriösen Farben bringen festlichen Glanz und Wärme in den Raum. Raffinierte Einzelstücke, die ihrer Umgebung eine prunkvoll-üppige Ausstrahlung verleihen.

Filzkissen Brokat

Königliches Rot gepaart mit Goldocker macht das Kissen zu einem kostbaren und festlichen Schmuckstück. – Ein orientalisch anmutender Paisleyseidenstoff ist Grundlage und zugleich Muster für dieses edle Kissen.

Aus einer alten Bluse wurde der Mittelteil für die Kissengestaltung herausgeschnitten. Eine *Musterung* mit einem Ärmelstück gibt Aufschluss über die Einfilzbarkeit des Stoffes.
Die Bluse wird unterhalb der Ärmel geschnitten. Die Seitennähte ergeben dann die Kanten des Kissens und die Knopfleiste einen verdeckten Verschluss. Die Knöpfe werden herausgetrennt.
Die Schablone aus Noppenfolie für den Hohlraum richtet sich in der Breite nach den Maßen des geschnittenen Blusenteils. In diesem Fall 51 cm breit (Bluse im geschlossenen Zustand) und 55 cm lang.
Das Blusenstück wird geöffnet und auf eine Plastikfolie gelegt. Auf die Fläche (Blusenrücken) kommen 140 g Merinowolle in 4 Lagen in Längs- und Querrichtung. Anschließend alles *nässen.*
Eine Noppenfolie (51 x 55 cm) wird zugeschnitten

und auf die nasse Wolle gelegt, sodass die Nähte des Blusenstoffes genau zur Kissenkante werden. Die restlichen 140 g Merinowolle auf die Schablone in 4 Lagen in Längs- und Querrichtung auslegen. Erneut *nässen*, erst anschließend die Wollkanten einschlagen und dann die Vorderseiten des Stoffes überlappend einschlagen. Den Stoff ohne Knöpfe an die Wolllagen heften. So verhindert man Verschiebungen durch das *Walken*.

Die Kanten mit Hilfe der eingeschlagenen Plastikfolie und durch Reiben mit den Händen gut anfilzen. Beim *Walken* öfter von der kurzen Seite her filzen, damit die Kissenhülle quadratisch wird. Außerdem erhält man so eine gute Filzqualität bei einer etwas geringeren Breitenschrumpfung.

Wann genau die Kissenhülle fertig ist, richtet sich auch nach der Bereitschaft des Stoffes, eingefilzt zu werden. 35 % Schrumpfung sollten es sein. In diesem Fall hat das Kissen ein Endmaß von 40 x 40 cm.

Nach dem *Ausspülen* kann die Öffnung der Kissenhülle (ca. 25 cm) vorsichtig zwischen dem Filz und den Stoffüberlappungen aufgeschnitten werden. Die Schnittkanten von Hand nacharbeiten. Abschließend *trocknen, dämpfen* und die Knöpfe wieder annähen.

Materialien und Hilfsmittel

280 g Merinowolle
alte Bluse oder Stoff
Plastikfolie, Tüll, Noppenfolie, Bambusrollo,
Baumwolltuch, Schnüre

Schmuckherzen

Weiche organische Herzformen mit rankenähnlichen Ornamenten, ganz aus Merinowolle gefilzt, nehmen sanft und weich den Schmuck auf.

Vase mit Blattgold

Diese Filzvase, mit einem Blattgoldband verziert, ist aus Merino- und Bergschafwolle gefilzt.

Paillettenstoff – Paillettendecke

Dieses Schmuckstück für besondere Gelegenheiten zeigt Fülle und Reife schöpferischer Tätigkeit. Eingebettet in olive und orange-rote Terrakottatöne strahlt das prachtvolle Rankenmuster den Glanz festlicher Tage wieder. – Ein hochwertiger Paillettenstoff mit Seidenblüten und kleinen Perlen wird von feinster Wolle sanft gehalten.

Auf eine große Noppenfolie wird das Maß von 140 x 85 cm markiert. Es werden auf jeweils 22 cm von der Kurzseite nach innen je 20 g braune Merinowolle ausgelegt.

An den beiden Längsseiten werden zudem 22 cm Streifen mit jeweils 30 g grüner Merinowolle ausgelegt.

Der Paillettenstoff (50 x 100 cm groß) wird mit der bestickten Seite nach unten mittig aufgelegt, sodass die Stoffkante ca. 2 cm auf der Wolle zu Liegen kommt (siehe Abb. 1).

Den Stoff mit 100 g feiner Merinowolle bedecken (siehe Abb. 2). Anschließend 140 g Merinowollvlies kreuzweise und in mehreren Lagen auf die gesamte Fläche aufbringen.

Alles *nässen* und behutsam mit dem *Walken*

beginnen. Hier ist etwas Fingerspitzengefühl gefragt. Wie stark der Stoff beim *Walken* strapaziert werden kann, lässt sich gut durch ein zuvor angefertigtes Probestück feststellen.
Während des gesamten *Walkens* sollte eine Noppenfolie auf dem Paillettenstoff liegen, damit die kleinen Plättchen nicht brechen (siehe Abb. 3).
Die Schrumpfung sollte in der Regel nicht mehr als 20 – 25 % betragen, da die Pailletten sonst zu sehr leiden würden.
Nach dem *Walken* die Decke *ausspülen, trocknen* und von der Rückseite her vorsichtig *dämpfen.*
Ein exklusiver Filzstoff für festliche Dekorationen ist entstanden, der nicht nur weihnachtliche Tafeln schmückt.

Materialien und Hilfsmittel

50 x 100 cm bestickter Paillettenstoff
200 g feine Merinowolle im Kammzug
140 g Merinowolle im Vlies
Legemaß: 85 x 140 cm
Endmaß: 70 x 112 cm
Noppenfolie
Tüll
Bambusrollo
Baumwolltuch
Schnüre

Frohes Fest

Feierliche Stimmung, erwartungsvolle, leuchtende Augen – nicht nur zur Weihnachtszeit können Räume und Winkel durch kleine Accessoires und spielerische Farbkombinationen die Aufmerksamkeit wecken und das Zuhause beleben.

Die Filzpromenade

Losgelöst von konventionellen Formen und Verarbeitungstechniken zeigt sich der Filz bei diesen Gefäßen in seiner ganzen Vielfältigkeit. Eine Idee wird zum Gegenstand. Konvex oder konkav, widerborstig oder anschmiegsam, sich verjüngend oder ausufernd – das gestalterische Spiel kennt fast keine Grenzen.

Mama Grande

Ein wohlgeformter bauchiger Körper wird von eingefilzten Wolllocken umschmeichelt.

Nisser

Der gute Hauskobold.
Umsichtig und aufmerksam nimmt er Dinge in sich auf.

Die Zottelige

Ein mehrschichtiger Filz umhüllt den Glaskörper, der nach oben hin mit langem Ziegenhaar abschließt.

Geschwister

Zwei Glasflaschen umhüllt von einem Filz, der sich nach oben verjüngt.
Die rhythmische Spur der minimalen Musterung folgt der aufsteigenden Form bis hinauf zur weich auslaufenden Öffnung.

Platonica

Horizontale Filzscheiben umspielen den Glasschaft.
In der Flexibilität ihrer Anbringung werden sie zu Zeichen in der Luft.

Korallenbecher

Der Kleine unter den Großen – mit stufiger Lebendigkeit umfließt ein korallenartiges Band seinen Körper.
Dreidimensional eingesticktes Leinengarn gestaltet den Becher.

Das Widerspenstige

Rosshaar und Wolle im Duell.
Ein fortschreitendes Verfilzen der Wolle führt zur Verdrängung des Rosshaars.

Die Königliche

Aufrecht – elegant – erhaben.
Die Gegenform der Keramik wird durch die Weichheit des innen liegenden und nach außen gearbeiteten Filzes wahrnehmbar.

Fräulein Bonita

Im Gegenzug zur «Königlichen» wird hier das Filzband von der Keramik hinterfangen.
Es schmiegt sich bekleidend um die flächige Form.

Armer Ritter

Von allem zu wenig – dieses Gefäß kommt ohne Glaskörper aus. Seine Filzfläche ziert ein dünnes Band weicher Wolllocken, die sich, farblich reduziert, zurücknehmen.

Diana

Eine netzartig gelegte Wolle erhebt sich zur durchbrochenen Form. Ihr Licht- und Schattenspiel beschreibt ihre Gestalt.

In 20 °C
Ltr.
1
ml
1000
900
800

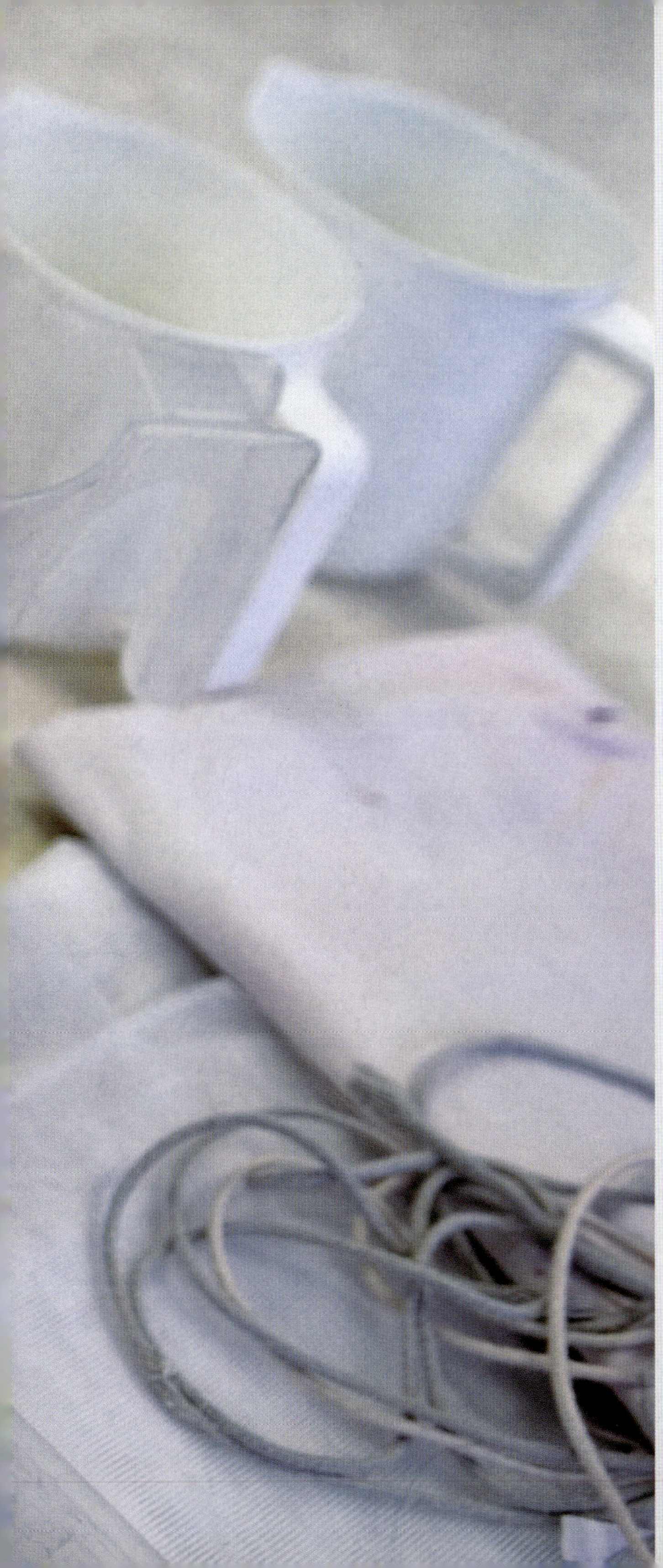

Techniken

Ausspülen und Neutralisieren

Da Wolle durch Seife in ihrer Substanz beschädigt wird, sollten unbedingt Laugenrückstände beseitigt und die Wolle neutralisiert werden.
Mehrmals mit frischem Wasser den fertigen Filz ausspülen.
In das letzte Spülwasser einen guten Schuss Essig geben.
Anschließendes Schleudern, kräftiges Walken oder das Eindrehen in ein trockenes Handtuch vermeidet ein Quellen des Filzes durch stehendes Wasser zwischen den Fasern.

Dämpfen

Alle Wollfilze lassen sich gut mit dem Dampfbügeleisen auf mittlerer bis hoher Stufe dämpfen. Mit geringem oder ohne Dampf und anhaltendem Druck können die gewünschten Formen beibehalten werden.
Weiße Filze und solche mit Synthetikgarnen und Stoffen vorsichtig dämpfen.

Kammzug

Kammzug ist ein in der Faserlänge sehr gleichmäßiges, von Kurzfasern befreites und von Pflanzenteilen gereinigtes hochwertiges Faserband.

Um die Wolle gut zu zupfen, sollten die Hände beim Greifen der Wollfaserspitzen mehr als eine Handbreite auseinander liegen und der Kammzug mittig der Länge nach geteilt werden.
Es können damit sehr feine und dünne Filze gefertigt werden.

Kanten bearbeiten

Geschnittene Kanten sind wie «offene Wunden». Sie sollten abgerundet und zugefilzt werden.
Ungleiche Kanten können nachbearbeitet werden. Dafür gibt man auf die Kante heißes Wasser und Seife. Mit einer Plastikfolie wird sie eingefasst und zwischen Daumen und Finger durch druckvolles Reiben bearbeitet. Zwischendurch mit kreisenden Handbewegungen von der Kantenaußenseite nach innen arbeiten.
Bei ungleich langen Kanten werden diese nach Bedarf und Stück für Stück ein paar Zentimeter eingerollt und mit den Fingerspitzen gewalkt.
Sehr gut ist hier der Einsatz einer fein geriffelten Gummimatte.

Mustern von Filzflächen

Die persönliche Auswahl der Wolle wird nach gestalterischen und / oder funktionalen Aspekten getroffen. Dies kann nur stattfinden, wenn im Vorfeld das Filzverhalten, die Schrumpfung, das Volumen und die Dichte des Filzes sowie die Oberflächengestaltung geprüft wird.
Für jede Probe sollten das Legemaß, das Wollgewicht, die Wollqualität und die Anzahl der Lagen festgehalten werden.
Gewalkt wird von jeder Seite mindestens einmal.
Wenn die gewünschte Festigkeit erreicht ist, sollte man die Endgröße notieren, um die Schrumpfung zu berechnen. Bei den hier beschriebenen Arbeiten liegt sie meist bei 40 – 50 %.
Bei Probestücken ist es durchaus sinnvoll, die Muster nicht nur durch rollen, sondern auch durch Kneten und Werfen extrem zu filzen. Dabei kann die maximale Verfilzung und die Belastbarkeit des Materials beobachtet werden.

Mustern von Strickteilen

Bei der Planung von Arbeiten mit Strickelementen ist eine Musterung notwendig. Das Filzverhalten und die Schrumpfung von Strickmustern und Fertigstrickteilen (alten Pullovern) sollte vor ihrem Einsatz überprüft werden.
Wollgarne mit einem hohen Wollanteil ergeben eine größere Schrumpfung, sofern sie nicht mit einer «Antifilzausrüstung» ausgestattet sind.
Die Schrumpfung in Länge und Breite kann variieren – auch von einer Waschmaschine zur anderen.
Empfehlenswert ist es, eine Serie von Proben (jede 20 x 20 cm groß) in einer Waschmaschine zu walken und mit diesen Werten zu arbeiten.
Für das Walken werden Waschmaschinenbälle und etwas Wollwaschmittel dem Strickgut beigegeben und alles bei 60 °C im Kurzwaschgang gewaschen.
Vor und nach dem Filzen die Maße zwecks Schrumpfungsberechnung aufschreiben.

Nadelvlies

Für feine und gleichmäßige Arbeiten bieten einige Wollhändler ein dünnes Nadelvlies als Meterware in 190 cm Breite an. Dieses Halbfabrikat wird aus Merinowolle zu einem 3 mm dicken Wollvlies industriell vernadelt.

Mechanisch werden die Wollfasern durch in breiten Nadelbetten befindliche Nadeln mit Widerhaken verhakt.

Das Nadelvlies ist für große Flächen geeignet, erfordert allerdings wegen seiner losen Struktur und starken Dehnbarkeit eine vorsichtige Handhabung und etwas Filzerfahrung.

Beim ersten Rollen können Wasserlachen kleine Falten bilden, die sofort verzogen werden sollten, da sie sonst leicht einfilzen.

Nässen

Die Wassermenge richtet sich danach, wie «wasserfreundlich» die Wollfaser ist und nach der Dichte der Wolllagen.

Über die Wolllagen wird ein Gittertuch oder Tüll ausgebreitet. Heißes Wasser mit einer Ballbrause (Blumenspritze) oder einem Handbesen tropfenförmig über die Fläche verteilen. Wird das Wasser im Schwall gegossen, werden die Fasern verschoben und es entstehen Löcher.

Eine geringe Menge an Seife sollte kontrolliert aufgebracht werden, z.B. mit einem Stück Kernseife nach Bedarf über den Tüll reiben.

Feine Fasern brauchen wenig und eher neutrale Seifen. Gröbere Fasern benötigen mehr Seife und eine höhere Wassertemperatur.

Bei zu viel Seifenschaum bildet sich ein Schmierfilm, der den Filzprozess beeinträchtigt. Nur bei dreidimensionalen Arbeiten und beim Formen von Hand wird mehr Seife benötigt.

Je fortgeschrittener der Filzprozess ist, desto eher sollte die Seife aus dem Faserverbund herausgedrückt oder ausgewaschen werden.

Bei einer Wollfläche reibt man mit einem Stück Kernseife ab und zu leicht über den Tüll. Gleichzeitig mit der Handfläche die Wolle von der Mitte nach außen herunterarbeiten. Dabei werden Lufteinschlüsse verdrängt und die Wolle leicht angefilzt. Die Hand gleitet besser, wenn sie in einer kleinen Plastiktüte o. Ä. steckt.

Sollten sich Wollfasern durch den Tüll herausarbeiten, ist zu viel gerieben worden.

Gitterstoff oder Tüll vor dem Walken entfernen.

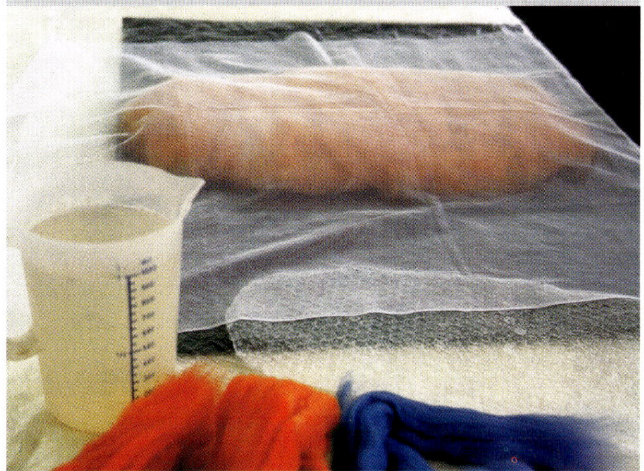

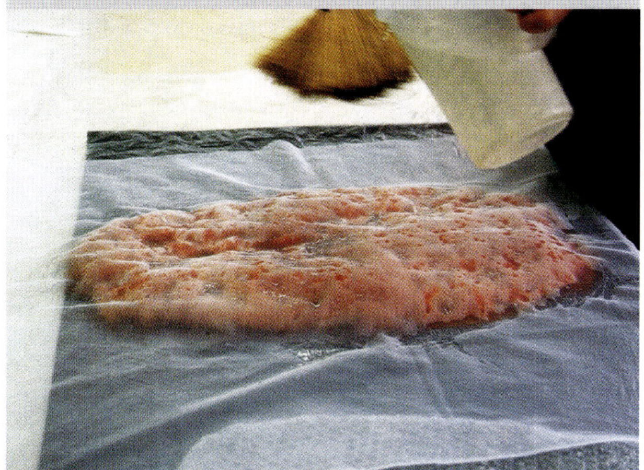

Nuno-Filz

Aus dem Japanischen abgeleitet bedeutet der Begriff Stoff oder Gewebe.
Filztechnisch wird ein Gewebe – häufig Seide – in feiner Merinowolle eingefilzt und erhält so seine zarte Struktur.

Stecknadeln

Zeitaufwendiges Heften kann durch den Einsatz von Stecknadeln verkürzt werden. Die Stecknadeln sollten kleine Köpfchen haben und parallel zur Rollrichtung gesteckt sein.
Besonders bei empfindlichen Seidenstoffen und dünnen Vorfilzen ist ein Heften empfehlenswert.
Beim Einsatz von Stecknadeln werden die ersten Rollzyklen von beiden gegenüberliegenden Seiten her durchgeführt (Stecknadelrichtung), bis das Anfilzen soweit fortgeschritten ist, dass die Teile nicht mehr fixiert werden müssen.

Trocknen

Filz sollte schnell trocknen, deshalb wird er nach dem Ausspülen geschleudert. Anschließend das Filzstück in Form ziehen und luftig auslegen. Ansonsten lässt eingelagertes Wasser den Filz quellen.

Vorfilze

Geeignet für grafische Mustergestaltungen werden sie aus zwei sich kreuzenden dünnen Wolllagen mit heißem Wasser zweimal gewalkt. Die Wollfasern sollten vliesartig zusammenhalten und mit einer maximalen Schrumpfung von 8 – 10 % gewalkt werden.

Mit der Schere kann man sie im trockenen Zustand gut schneiden.

Vorfilze, die ohne Seife hergestellt wurden, können lange gelagert werden und sind ein willkommener Fundus für gestaltungsfreudige Filzerinnen und Filzer.

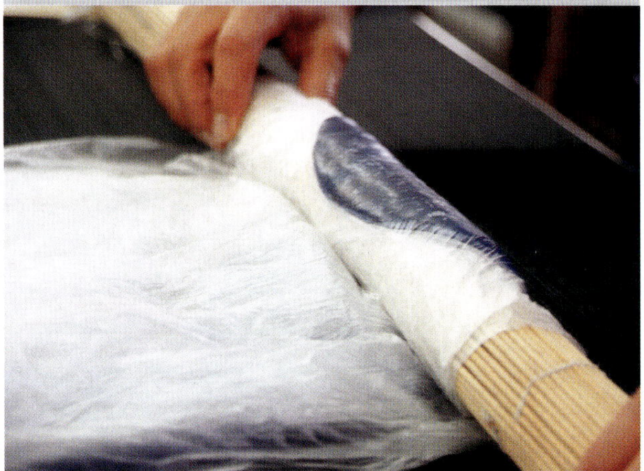

Walken

Das Walken in der Rolltechnik ist die am häufigsten verwendete Methode und besteht aus mehreren sich wiederholenden Arbeitsgängen.

Die ausgelegten und genässten Wolllagen werden um einen Bambuskern samt äußerer Plastikfolie gerollt.

Sind die Wolllagen zu nass, sollte das Einrollen behutsam durchgeführt werden, da die Wasserverdrängung von Lachen zu Faltenbildung führt.

Zum Fixieren alles in ein Baumwolltuch einwickeln und wie ein «Bonbon» verschnüren.

5 – 10 Minuten wird die Rollbewegung, bei gleichmäßig schwachem Druck, von den Fingerspitzen bis zu den Ellenbogen durchgeführt.

Die Rolle behutsam öffnen, da der Faserverbund noch sehr lose ist. Jetzt können noch trockene Stellen mit Wasser besprenkelt, dünne Stellen ausgebessert und Falten leicht verzogen werden.

Anschließend den Filz um 90 Grad drehen und nochmals eingerollt 5 – 10 Minuten walken. Dabei nicht zu früh abbrechen, da die Fasern Zeit zum Greifen brauchen.

Nun die Rolle öffnen, den Filz vorsichtig wenden und nochmals um 90 Grad drehen, einrollen und erneut walken.

Systematisch wird nun von jeder Richtung mit abwechselnder Musterung – mal oben und mal unten – mindestens einmal gerollt.

Große Filzflächen werden gefaltet und durch eine Folie voneinander getrennt gerollt.

Bei fortgeschrittenem Walkprozess wird ohne

Kern und mit steigendem Druck gerollt (siehe Foto auf Seite 128 oben).

Zum Schluss hin sollte der Filz sich trockener und dichter anfühlen.

Bei stagnierender Schrumpfung können die Fasern durch Schleudern und fünfminütiges Anwärmen in heißem Wasser aktiviert werden.

Eine glättende Wirkung hat das Walken mit einem Rundholz unter starkem Druck. Dies kann sehr gut nach dem Ausspülen großer Filzstücke durchgeführt werden.

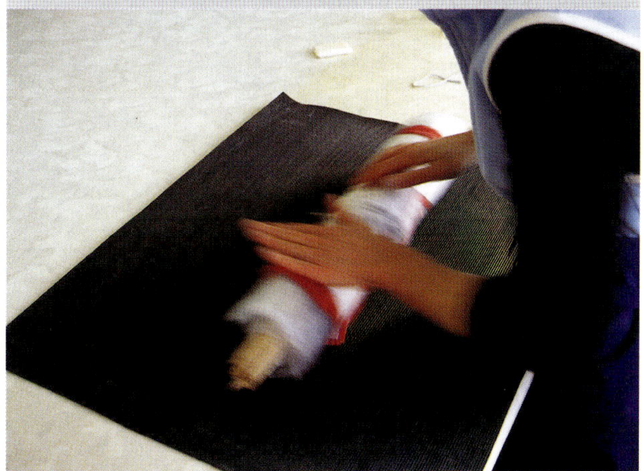

Waschmaschinenbälle

Hitzebeständige Kautschukbälle (bis 90 °C), die zum Walken in der Waschmaschine verwendet werden.

Wollvlies

Kurze und gröbere Fasern werden durch das Kardieren gekämmt, parallelisiert und als Vlies bis zu einer Größe von 100 x 200 cm angeboten.
Wollvliese erleichtern großflächiges Filzen (z.B. Teppiche), können in mehrere Lagen gespalten und wie ein Vorfliz mit der Schere geschnitten werden.
Da das Vlies sich nicht immer gleich teilen lässt, sollten viele dünne Lagen kreuzweise verarbeitet werden, um eine gleichmäßige Dicke des Filzes zu erlangen.
Bei der Verarbeitung von Merinovliesen ist die Filzoberfläche – bedingt durch die recht kurzen Fasern – farblich weniger brillant und eher stumpf.

Bezugsquellen

verwendete Materialien dieses Buches

Wolle & Seide

Wollknoll
Sonia Fritz
Forsthausstr. 7
74420 Oberrot-Neuhausen
Tel.: 0 79 77/91 02 93
Fax: 0 79 77/91 04 88
www.wollknoll.de

Seehawer & Siebert
Heuberger Hof 1
73108 Rottenburg am Neckar
Tel.: 0 74 72/30 19
Fax: 0 74 72/2 42 07
www.naturfasern.com

Filzrausch
Frieder Glatzer
Hagenweg 2 b
37081 Göttingen
Tel: 05 51/6 75 15
Fax: 05 51/5 04 25 08
www.filzrausch.de

Die Wollfabrik
Gertrud Huppertz GmbH & Co. KG
Lürriper Str. 373 – 375
41065 Mönchengladbach
Tel.: 0 21 61/60 30 59
Fax: 0 21 61/60 32 85
www.die-wollfabrik.de

Traub-Wolle
Friedrich Traub
Schorndorfer Str. 18
73650 Winterbach
Tel: 0 71 81/7 09 10
Fax: 0 71 81/70 91 11
www.traub-wolle.de

Spinnradl
Haller's Schafwollprodukte
Südtirol
I-39015 St. Leonhard i. Pass.
Tel.: + 39/(0)4 73/65 61 92

Waschmaschinenbälle

Triaz GmbH
Waschbär – Der Umweltversand
Wöhlerstr. 4
79108 Freiburg
Tel.: 01 80/5 39 56 56
Fax: 01 80/5 82 72 40
www.waschbaer.de

Bestickte Seidenstoffe

K. Etoffe & M. Tessuti
Marienstr. 14
79098 Freiburg
Tel.: 07 61/3 57 35
www.etoffe-tessuti.de

Über die Autorin

Beatriz Schaaf-Giesser, in Montevideo / Uruguay geboren, ließ sich zur Handweberin ausbilden und studierte Textildesign und Betriebswirtschaftslehre.

Als prämierte Designerin arbeitete sie für die Industrie und entwarf Teppichkollektionen, bevor sie sich im eigenen Atelier selbstständig machte. Neben den dort angebotenen Kursen und Seminaren entstehen in ihren Räumen nun die unterschiedlichsten Gefäße, Schals, Taschen, Teppiche, Filzskulpturen und -objekte.

www.beatriz-schaaf-giesser.de

Angelika Wolk-Gerche

Blumen, Schmuck und Accessoires aus Filz

96 Seiten, mit zahlreichen farbigen
Abbildungen, gebunden

ISBN-13: 978-3-7725-2226-0

Blumen, Schmuck und Accessoires aus Filz – noch vor wenigen Jahren hätte sie kaum jemand getragen. Inzwischen ist die Filztechnik weiterentwickelt worden, und Filzkünstlerinnen wie Angelika Wolk-Gerche oder Beatriz Schaaf-Giesser, deren Arbeiten in diesem Buch vorgestellt werden, haben neue Techniken entwickelt, mit denen sich modischer und origineller Schmuck sowie Accessoires wie Taschen oder Tücher selbst herstellen lassen.

verlag freies geistesleben